谨以此书献给我的宝贝女儿
——瑞莲（Roelynn）。

# STUDY SMART 新加坡
# 高效学习法

## 用对学习方法

[新加坡]张郁之/著·绘　廖丽/译

天地出版社　TIANDI PRESS

图书在版编目（CIP）数据

用对学习方法 /(新加坡)张郁之著绘；廖丽译. —
成都：天地出版社, 2024.4
（高效学习法）
ISBN 978-7-5455-7963-5

Ⅰ.①用… Ⅱ.①张… ②廖… Ⅲ.①学习方法—青少年读物 Ⅳ.①G791-49

中国国家版本馆CIP数据核字（2023）第195250号

First published in Singapore by Armour Publishing.
The simplified Chinese translation rights arranged through Rightol Media
(本中文简体版权经由锐拓传媒旗下小锐取得Email:copyright@rightol.com)

著作权登记号　图进字：21-2017-463

YONGDUI XUEXI FANGFA
用对学习方法

| 出 品 人 | 杨　政 | 责任校对 | 张思秋 |
|---|---|---|---|
| 总 策 划 | 陈　德 | 美术设计 | 霍笛文 |
| 著 绘 者 | ［新加坡］张郁之 | 排版制作 | 书情文化 |
| 译　　者 | 廖　丽 | 营销编辑 | 魏　武 |
| 策划编辑 | 李婷婷 | 责任印制 | 刘　元　葛红梅 |
| 责任编辑 | 罗　艳 | | |

| 出版发行 | 天地出版社 |
|---|---|
| | （成都市锦江区三色路238号　邮政编码：610023） |
| | （北京市方庄芳群园3区3号　邮政编码：100078） |
| 网　　址 | http://www.tiandiph.com |
| 电子邮箱 | tianditg@163.com |
| 总 经 销 | 新华文轩出版传媒股份有限公司 |
| 印　　刷 | 北京文昌阁彩色印刷有限责任公司 |
| 版　　次 | 2024年4月第1版 |
| 印　　次 | 2024年4月第1次印刷 |
| 开　　本 | 889mm×1194mm 1/32 |
| 印　　张 | 18.25 |
| 字　　数 | 370千字 |
| 定　　价 | 100.00元（全4册） |
| 书　　号 | ISBN 978-7-5455-7963-5 |

版权所有◆违者必究
咨询电话：（028）86361282（总编室）
购书热线：（010）67693207（市场部）

如有印装错误，请与本社联系调换。

# 目 录

**001** 前言

**003** 导读

**007** 第一章
简化学习方法

**019** 第二章
告别低效勤奋

**027** 第三章
提高理解力

**039** 第四章
学会聪明学习

**051** 第五章
注重学习效果

**059** 第六章
掌握学科的特殊性

**073** 第七章
保持良好的心态

**095** 第八章
选用适合自己的方法

## 113
### 第九章
适当休息与放松

## 125
### 第十章
有效管理时间

## 137
### 后 记

## 140
### 参考书目

## 141
### 索 引

## 143
### 致 谢

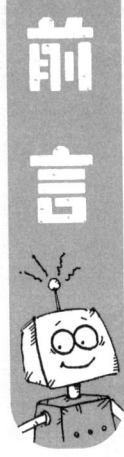

# 前言

"你为语文测验做好准备了吗?"

"你有没有进行考前复习?"

"你完成家庭作业了吗?"

我们这一代人上学时肯定经常从父母口中听到这些问话,而且接下来你懂的:翻开教科书、练习题,把它们全都堆在面前,不知道该从何处着手学习。

父母期望我们有过目不忘的记忆力,能记住每一个知识点:从新中国是什么时候建立的,到莎士比亚的《第十二夜》中马伏里奥干的疯狂事,再到氢氧化钠与盐酸混合后的化学反应是什么……

所有的老师都会为我们讲解教科书中的内容,但很少有老师告诉我们应该怎样学习。我们竭尽所能将学习到的知识上传到电脑处理器一样的大脑中,考试时再将其提取出来,然后从大脑中把它们删掉,一再重复这个过程。多么繁杂的学习经历!我们学得足够努力,却一点儿也不聪明。我们不是不想聪明地学习,而是没人教我们如何聪明地去学习！所以，非常感谢郁之给了我为这本书作序的绝佳机会，我非常高兴，终于有人要教我们为什么要以及如何聪明地去学习了！我多希望这本书能在二十年前出版啊！那样，我肯定能在考试时发挥得更好，也能有更多时间去享受生活。

这本书不仅和大家分享了简单高效的学习方法，而且几乎每一页都有卡通插图，郁之赋予它们鲜活的生命。这种将学习方法与可爱图画结合，图文并茂的方式，令阅读的过程充满乐趣和享受。

如果你正在书店浏览此书，那还等什么呢，赶快把它带回家去吧！如果你已经拥有它，那祝贺你，你很快就会像我一样，成为郁之的粉丝。

来吧，让我们一起享受聪明学习的乐趣吧！

凯顿·张（Cayden Chang）
2008年终身学者奖获得者，理科荣誉学士、硕士
Mind Kinesis 国际管理有限责任公司董事
Mind Kinesis NLP 学院与价值投资学院创始人
《你有创业潜质吗？》作者之一
http://www.mindkinesis.com

# 导读

在大多数国家里,青少年都得上学接受教育。他们中的绝大多数都喜欢学校的伙伴和各种活动,也喜欢在学校里与大家分享各种知识和信息。不过他们相互间也会抱怨,因为每天都有大量的作业需要完成,还得不断应付各种考试。

是啊,前进的道路并不都是一帆风顺的,青少年对生活和学习产生抱怨是合理的,是可以理解的,尤其是面对那些超负荷的家庭作业时。然而,同样的处境,为什么有的人能很轻松地完成学习任务,并且在考试中名列前茅呢?难道他们都是天才,而其他学生只是资质平庸的普通人吗?或者,其实他们将所有的课余时间都用来学习了?

其实答案非常简单,这些学生能表现得这么好,是因为他们有一套适合自己的学习方法。成功,可不是凭运气就能取得的。他们能认清自己学习的强项和弱点,并努力将自己的潜力和优势发挥到极致,将劣势弱化到最低程度,甚至克服弱点。换言之,

前进的道路并不都是一帆风顺的

他们并不是一味地刻苦学习，而是知道该如何聪明地学习。

这正是本书的核心内容，用一个简单的短语来总结，就是"聪明学习"。我将在本书中为大家分析为什么要聪明学习而不只是刻苦学习，也会带着大家一起去探寻成绩优异的学生们有着怎样的心态和学习方法。这些学生的智商可能不是最高的，但他们用对了学习方法，所以在学习上取得了成功。本书将使大家认识到，在这个快速发展的世界里，聪明学习是如此重要，同时给大家提供一些聪明学习的方法和建议。

在踏上这段揭秘聪明学习的旅程之前，请先和我一起来品味一道"开胃小菜"：

从前有一只聪明的蚂蚁，它不喜欢循规蹈矩地做事，在其他蚂蚁肩扛背驮搬运东西时，它却在琢磨轻松完成工作的办法。通过仔细的观察和认真的思考，这只聪明的蚂蚁发现，它们搬运的东西中，小石子儿是圆形的，可以在地上滚动，因此不需要费劲地扛着小石子儿走。所以，当别的蚂蚁累得气喘吁吁的时候，这只蚂蚁却很轻松地到达了目的地。

**聪明的蚂蚁**

除了那只聪明的蚂蚁，其他蚂蚁也一直在勤奋地工作着，它们并没有去反思自己的工作方法是否有效率，也就是说，它们不是不努力，而是不会努力。

所以，我们要做那只聪明的蚂蚁，想方设法地让我们的学习和生活更有效率、更有价值。

让我们聪明地学习和工作吧！

# 第一章

# 简化学习方法

测一测：你是否需要简化学习方法。

第一，你是否觉得每门功课的学习任务都很繁重，完全不知道该从哪里着手？

第二，你是否花了数不清的时间来学习，可仍然毫无头绪、抓不住重点？

第三，你做的课堂笔记是否比上课的内容还要多？

以上三个问题即使只有一个答案是肯定的，你也应该简化自己的学习方法。如果所有答案都是肯定的，那简化学习方法对你而言简直迫在眉睫，必须马上行动起来！快来看看本章中作者有什么简化诀窍可以教给你吧！

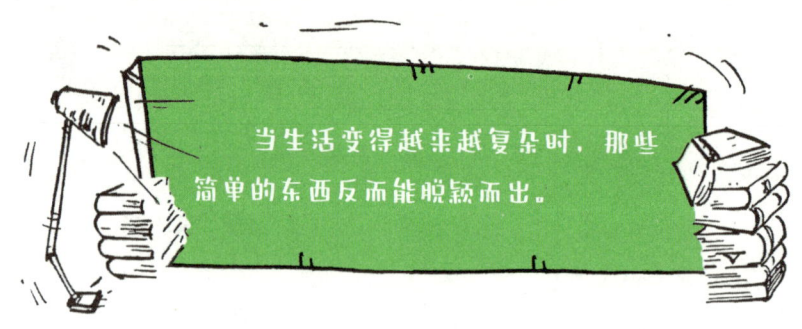

## 让学习简单化

为什么要让你的学习变得简单起来？

对此直接的回答应该是：为什么不呢？

我们每天需要处理大量的琐事，忙得不可开交。对许多已经工作的成年人来说，生活就像一场无止境的旅行，无数或重要或困难的工作在前路等待他们去完成。对青少

吃力地生活①

---

① 本书所有图片中的英文的释义，详见文末《索引》。

# 第一章 简化学习方法

年来说,生活中也充满了各种挑战。例如,友情以及其他人际关系需要青少年用心对待和维护,生活中最重要的任务——学习,也需要付出大量的时间和精力。因此,合理简化一些事情的处理过程,才能更好地掌控它们,进而完成它们。其中,学习就是可以自己掌控并做得更好的事情(至少大部分学习时间都是可控的)。

青少年如果能够理解学习的真正含义,能够明白并达到课堂学习、随堂测试和大考的要求,就会发现学习过程是可以管理的,并不像自己以为的那样痛苦。

## 让生活不再复杂

生活像是一个装满各种巧克力的盒子,看起来错综复杂,但同时也给了我们很多选择,最后的决定往往取决于我们如何对待自己的生活。

有些人会选择过简单的生活,安于现状、知足常乐;而另一些人更愿意充实地生活,享受生活给予他们的一切,无论好与坏,照单全收。

你选择什么?

后者的生活虽然可能会很忙碌，但他们能将一切安排得很好，还能从中找到乐趣。这些人将生活过得忙碌而充实的秘诀，就在于他们用正确的方式来对待生活，在于他们掌握了使复杂生活简单化的方法。

青少年也一样，日常的生活和各学科的学习任务令他们忙得不可开交。对于有些孩子来说，洪水般汹涌而来的学习压力会让他们喘不过气来，而另一些孩子却能游刃有余地管理好自己的学习，还有闲暇去享受生活的乐趣。

因此，生活虽然复杂，但只要愿意，我们就可以想办法令它变得更轻松、更惬意。

### 学习困难吗？

这可不是一个简单的问题，而且没有标准答案。对一些孩子来说，学习就像是在茂密丛林中艰苦跋涉，前路晦暗崎岖，一不留神就会迷失在树林和灌木丛中，苦不堪言；而对另一些孩子而言，学习就如同迎着轻风在公园里散步，毫不费力。还有另一部分孩子介于两者之间，对他们来说，学习并非不可能完成的任务，可无论怎样努力，他们的成绩始终在中游徘徊；他们需要常常提醒、鼓励自己不要灰

## 第一章 简化学习方法

心,要继续努力下去,可是到最后,他们很可能会感到沮丧,因为付出了努力却没能取得好成绩。

看到了吗?对大部分学生而言,学习并不是一件容易的事情。因此,面对学习这道难题,青少年必须找到更高效、更有意义的学习方法,例如以尖子生为榜样,观察和模仿他们的学习方法。

迷失在学习丛林中

## 简单 ≠ 容易

总有一些人认为,简单的就是容易的。这其实是在混淆概念:简单并不意味着容易。

看看这个例子:煎鸡蛋似乎是件很简单的事情,只需要将鸡蛋打到热油锅里去,能有多难呢?但要煎好一个鸡蛋却不容易。如果控制不好火候和油温,鸡蛋就会被煎煳。而且,将鸡蛋翻面也并不像看起来那么容易完成。很多人认为,让事情变得简单,本身就是一个简单的过程,省掉不需要或不太重要的环节就好。然而事实并非如此。

简单 ≠ 容易　　　　　　TAG

# 第一章 简化学习方法

在简化的过程中，我们需要预先权衡每一个步骤的利弊，这相当耗费时间和精力。你只要想象一下——仔细思考每一个环节，还得总结出要点，这是一个多么复杂困难的过程——就会理解这一点了。

当然，你也可以选择更容易的方法，那就是让一切保持原状，按部就班地完成所有事，但那样冗长的学习过程有效率可言吗？

所以，我们必须找到一套方法来为我们的学习提供帮助。这套方法应该相对简单，要去掉不必要的（以及没有效益的）步骤和程序。

本系列中的另一本书《精简学习生活》中，已经引入了简化这个概念并鼓励大家采用这种方式去学习或生活。我们生活在这个繁忙、快节奏的世界中，设法让自己简单生活显然是明智的。我们可以制订出相应的计划，让事情便于管理，使自己免于被每天需要完成的大量任务压垮。

## 谁需要简化学习方法？

答案当然是：每一个人！

好好想想吧：简化学习方法后，我们可以节省多少原

本需要耗费在日常琐事上的时间!

以下三个问题,可供青少年思考自己是否需要简化学习方法:

第一,你是否觉得每门功课的学习任务都很繁重,完全不知道该从哪里着手?

第二,你是否花了数不清的时间来学习,可仍然毫无头绪、抓不住重点?

第三,你做的课堂笔记是否比上课的内容还要多?

如果你的答案都是"是",那么你肯定应该简化学习方法了。即使只有一个答案是肯定的,你也应该认真地考虑如何简化你的学习方法,因为这样做才是明智的。

第一个问题表明,许多学生往往深陷于各学科大量的学习材料中无法自

毫无头绪

#### 第一章　简化学习方法

拔，而需要学习的课程远不止一门，可以想象这有多糟糕。这种忧虑并不鲜见，它是大多数学生都要面对的巨大压力。

第二个问题表明，如果没用对学习方法，花再多时间学习也不能取得有效的成果。这种学习方式基本上就是在浪费时间，就是在做无用功。

第三个问题展示出很常见的一种状况：一些学生常会做大量不必要的笔记。如果能够通过多做笔记来更好地理解课堂内容，这也不算做无用功，但如果能找到更简单、高效的学习方法，我们就可以记更少的笔记，学更多的内容。

## 贪多不如求精

罗杰是一个勤奋的学生，学习很努力。他乐意尝试新的学习方法，以提高自己的成绩。在短短的时间里，他尝试了各种方法，如思维导图、速记法以及其他辅助学习的方法。

罗杰盲目地使用这些方法，反而使他的学习过程更复杂了。罗杰本该因力求改善学习方法而获得掌声，但是，不管学到什么方法，他都不加甄别就使用，这就不值得提

盲目地尝试学习方法

倡了。实际上,并不是掌握的方法越多就能越快实现目标,有时候,急于求成反而会坏事。

第一章 简化学习方法

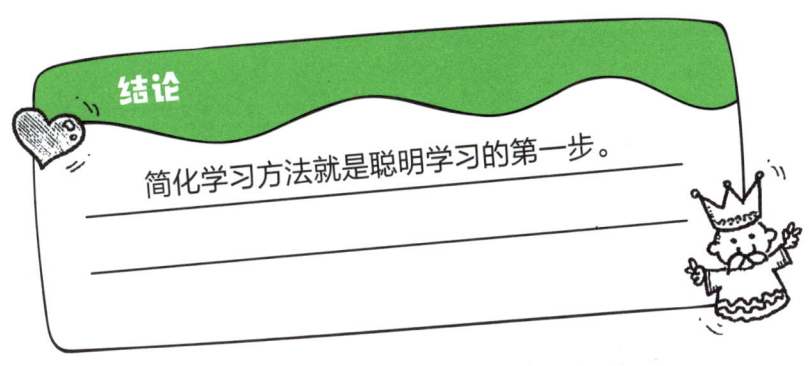

**结论**

简化学习方法就是聪明学习的第一步。

让学习变得简单!

第二章

# 告别低效勤奋

每个人的一天都只有 24 个小时，为什么有的学生每天忙得像陀螺，一刻不停歇也完不成任务，有的学生却可以轻松掌控时间，将所有事情处理得井井有条？想一想：

你是哪一类学生？
为什么会出现这种状况？
面对有限的时间，我们应该怎么做？

一起进入本章，看看作者是如何解答这些问题的吧！

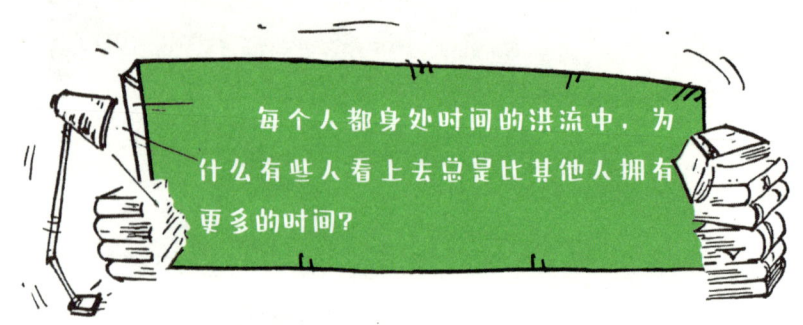

## 做时间的主人

"我只是没有足够的时间!"
"我因为做其他事情而耽搁了。"
"我没时间!我没时间!我没时间!"
没能按时完成任务时,这些都是我们耳熟能详或最常

时光飞逝

用的理由和借口。为什么所有人的一天都是 24 小时,有些人的时间很充裕,有些人的时间却总是不够用呢?

## 故事启示录

谜 语

一位年老的智者向学生提了一个问题:"世界上什么东西最长又最短,最快又最慢,人们拥有它时漫不经心,失去后才知道珍惜,并且没有了它,人们便会一事无成?"

学生们一时之间没能想出答案来。最后,最聪明的那个学生答道:"是时间。它是世界上最长的,因为它无穷无尽、无法计量;它也是最短的,因为人们往往还没能按时完成任务,时间就到了。对于等待的人来说,时间是最慢的;而对于享乐的人来说,时间又是最快的。不赶时间的时候,我们漫不经

时间是……

心地对待它；当时间即将用尽时，我们才懂得每一分每一秒都很宝贵。并且，不论做什么事情，我们都需要时间。"

确实，时间对我们而言，就是一种悖论：一些人的时间总是不够用，另一些人的时间却始终很充裕。你一定见过那些赶时间的人吧？他们不得不听任时间的摆布，让自己陷入忙乱中不能自拔。而与此同时，另一些人似乎可以轻松掌控时间，从容地处理好一切事情；他们的世界仿佛一直井然有序，他们总有足够的时间去完成所有的事情。

那么你呢，你是时间的奴隶，还是时间的主人？

## 取舍有度，化繁为简

你一定吃过自助餐吧？你是否发现，有些人竟然可以在盘子里高高地堆上食物，并将其一扫而空？我每次都会为此感到惊讶。

堆得过满

第二章 告别低效勤奋

吃自助餐是一件令人开心的事——只要不愚蠢地吃得过饱。同样，生活本该轻松愉快，只要不被过多的活动和事件填满（就像被食物堆满的盘子那样）。为了避免任何形式的"消化不良"，我们在生活中应该有所取舍，否则迟早会被压垮。

## 86400

86400 是一个相当大的数字。你知道它代表什么吗？（给个提示：与时间有关。）

实际上，它是一天所包含的秒数。一天有 86400 秒，1440 分钟，24 小时。对一些人而言，这是很长一段时间；而对于另一些人来说，在他们意识到之前，一天的时光就已经飞逝了。

如果我们找不到适当的方法来管理时间，时间就会像沙子从指缝中滑落一般迅速地消失殆尽。我们可以试着去弥补，但无论怎样努力，

86400 是什么？

失去了的时间是永远找不回来的。对此,我们只能尽量做到多做事,并且珍惜眼前所拥有的每一分每一秒。

## 时间不等人

万有引力定律的发现者、著名科学家牛顿认为:时间就像一条以恒定速度流动的河,从不改变方向与速度。根据他的理论,时间就像射出的箭一样,一直朝着一个方向前进。

然而,另一位伟大的科学家爱因斯坦却认为:时间的速度不是恒定不变的。根据他的理论,在恒星和星系的周围,时间会减慢速度。

无论科学家们的理论有什么不同,有一件事是肯定的,那就是时间不等人,只会向着未来一去不回头!因此,如何把握时间,完全取决于我们自己。可以说,只要我们能够管理好时间,就能管理好我们的未来。

艾萨克·牛顿

第二章 告别低效勤奋

那么，我们是否有足够的时间去做我们想做的一切呢？

### 故事启示录

一个愿望

有一位男士，他的工作多到快把他压垮了，所以他迫切地希望能够找到办法来解决这个难题，他特别期望能有某个精灵或者仙女来满足他的愿望。有一天，终于有一位仙女听到他的祈求来拜访他，并同意满足他一个愿望。

美梦成真

他欣喜若狂，告诉仙女："我希望立刻、马上搞定所有的工作，我快被累垮了。"

仙女想了一会儿，挥动魔杖，满足了他的愿望。男士原本以为麻烦就此结束，但他震惊地发现自己变成了一条章鱼！

他忍不住尖叫起来："你为什么把我变成一条章鱼？"

仙女答道："你不是说希望可以立刻处理好所有的工作吗？那就是说，你需要更多只手来帮助你做事呀……章鱼足足有八只手，我相信你现在可以轻松应对工作了！"

把握时间　　TAC

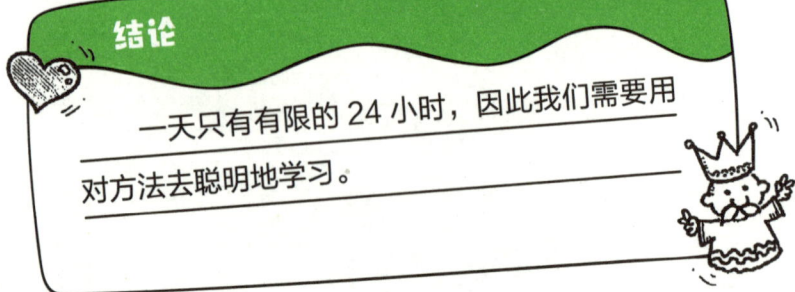

### 结论

一天只有有限的 24 小时，因此我们需要用对方法去聪明地学习。

第三章

# 提高理解力

了解就意味着理解了吗？在学习的过程中，你是否遇到过这些拦路虎：

课文和公式全靠死记硬背；
上课认真听讲，课后认真复习，却没法顺利完成课堂作业，测验成绩也不理想；
好不容易掌握了解题方法，下次考试换个题型还是不会做；
虽然记住了在课堂上学的知识，却完全没法应用到日常生活中。

在本章节中，作者将给你支招，帮助你轻松搞定这些难题，有效提高理解力。

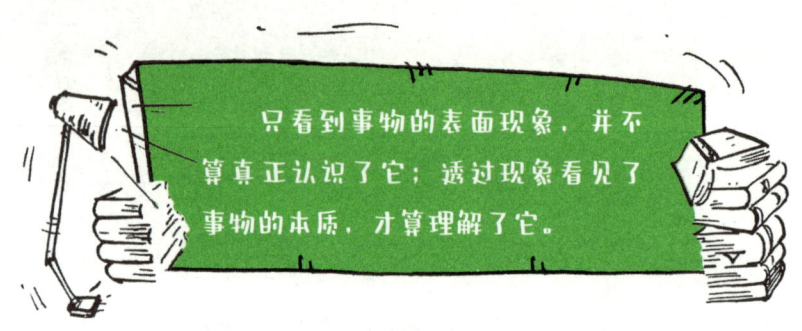

只看到事物的表面现象,并不算真正认识了它;透过现象看见了事物的本质,才算理解了它。

## 了解和理解

许多学生都认为,了解和理解是一码事。他们以为,只要了解很多东西,就能成为知识渊博的人,就明白了一切。然而,那些声称了解许多知识的学生,在完成课堂作业和测验中,却不一定比那些真正理解了课堂内容的学生表现得更好。

那么,了解和理解到底有什么区别呢?了解了一个事物,人们就大概知道它是什么,也许还会知道一些相关细节;而理解了一个事物,则意味着人们充分认识到了事物是如何发展来的,并掌握了更多的细节。理解了事件或活动的概念、本质或实现方法的人,就一定明白如何运用它们来达到目的。此外,真正的理解也意味着这个人能够应用他学到的知识。这是了解和理解的根本区别。

# 第三章 提高理解力

许多学生都用死记硬背的方法来学习课文和公式,并没有在理解的基础上去记忆。因此,在测验、考试中,一遇到那种要求灵活应用公式来答题的变化题型,他们就不能举一反三正确解答了。

检验你是否理解了所学的内容,一个好方法就是应用你学到的知识。你可以采用做练习题和试卷,或者和老师及同学讨论学习的内容等方式来完成。

所以,下次当你想说"我知道……"的时候,最好先问问自己:"我真的理解了吗?"

## 故事启示录

谁是最愚蠢的人?

有位客人正在理发店理发的时候,一个小男孩进来了。理发师立刻低声对客人说道:"世界上最愚蠢的孩子来了,不信您瞧我的。"

他招呼男孩来到自己面前,一只手拿了一张一块钱的钞票,另一只手拿了两个一毛钱的硬币,然后问男孩:"孩子,你想要哪一个?"

男孩毫不犹豫地拿了那两个硬币就离开了。

理发师说:"瞧,我没骗您吧?那个男孩一点长进都没有,他一直都这样选择。"

客人离开理发店以后,看到那个男孩正从冰激凌店里走出来。他走到男孩身边问道:"孩子,我可以问你一个问题吗?你刚才为什么不要一块钱的钞票,而只要两个一毛

免费冰激凌

## 第三章 提高理解力

钱的硬币呢？"

男孩看着他，一边舔蛋卷冰激凌一边笑道："一旦我选择拿走一块钱的钞票，他就不会再和我玩这个游戏了吧？"

看完这个故事，请你认真思考一下：到底谁才是理解了事物本质的人？

## 如何提高理解力

由于了解和理解是有区别的，因此下一个合乎逻辑的问题就是：我们该如何提高自己的理解力？

要回答这个问题，首先必须问自己：我们的学习动机是什么？是为了应付考试，成为考试高手，还是因为我们对某些事物真正感兴趣和好奇呢？

如果是为了考试而学习，我们就应该专注于弄懂关键或重要的知识点，以便在考试中熟练应用它们来答题，取得好成绩。因为考试有时间限制，平时的课堂学习知识范围也是有所限定的，所以，我们要有选择地学习和记忆。

如果我们的学习动机是为了满足好奇心，那么，学习方法就应该侧重于寻求所学知识的意义。这意味着我们可以将所学知识与有意义的事物或者已掌握的知识联系在一起。我们会发现这些知识对我们的日常生活而言是如此重要，接下来便可以将它们融会贯通，应用到我们的生活中去。

比如：杰瑞在课堂上靠死记硬背教科书上的内容来学习人类消化系统方面的生理知识；莉莉同样学习了这些知识，因为对消化系统很好奇，她阅读了许多相关的课外读物，从而知道了为什么饿的时候肠道会咕咕叫，通过这种延伸学习，她将课堂知识应用到了日常生活中。

## 联系语境，加深理解

当我们想要理解某个概念或观点时，语境是很重要的。尤其重要的是，要正确理解词语被用于不同语境时的意义。例如，jam 这个词用在下列句子中就有着不同的含义：

He was caught in a traffic jam. 他因交通阻塞耽误了。

## 第三章 提高理解力

He spread the jam on the bread. 他把果酱涂在面包上。

He jammed his finger accidentally. 他不小心轧到了自己的手指。

He went to the studio to jam with the band. 他去工作室和乐队一起即兴合奏了。

在第一个句子中，jam 的含义是堵塞或不能移动；在第二个句子中，jam 指的是可以吃的果酱；在第三个句子中，jam 指的是受到某种伤害；在第四个句子中，jam 指的是和别的乐手一起即兴演奏乐器。

以上的例子告诉我们，即便是像 jam 这样一个简单的词，在不同的语境也会有不同的含义。所以，在学习和复

演奏乐器

习任何概念或观点时，我们必须清楚它所处的语境，这样才能清晰、正确地理解它。

## 数据加工，深入理解

我们从周围收集到的信息可以被称为原始数据；将这些原始数据组合成有意义的东西，它们才变成了有用信息；我们对这些信息进行加工并学习如何使用，它们才变成了

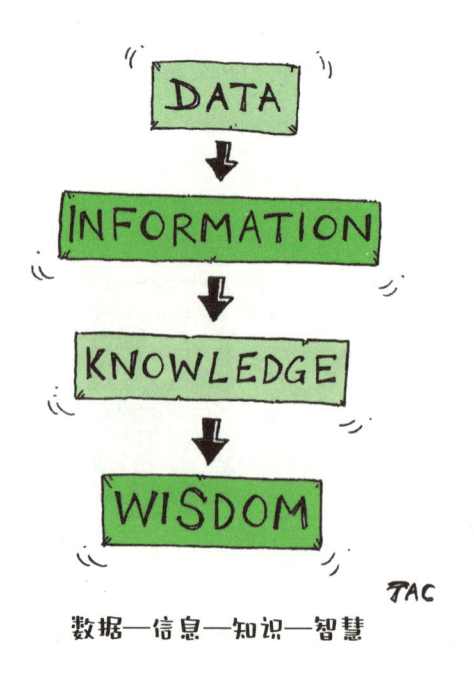

数据—信息—知识—智慧

知识；我们通过不断应用知识，并从错误和经验中学习，才能获得智慧。

获得原始数据并将它们转化成智慧的过程尽管并不容易，但绝对是值得的。事实上，我们身处奇妙的世界中，有种类丰富、数量繁多的未知事物等着我们去探索，我们不能像一只井底之蛙那样不思进取。

## 故事启示录

### 你真的理解了吗？

丹尼尔是一个勤奋的学生，每天都非常努力地学习。他学得很认真，并坚持定期复习。然而，他的考试成绩却总是不理想。不管他如何努力、投入多少精力，他总是考不好。

丹尼尔的老师找他谈话，想找到他在考试中表现不好的原因。在谈话的过程中老师发现，虽然丹尼尔学习非常勤奋，但他并没有真正理解所学的内容。由于没能理解，考试时只能照葫芦画瓢，在面对那些考查学生对知识点的理解程度、分析能力的题时，丹尼尔就会感到束手无策。

我真的理解了吗？

## 先理解，再记忆

记忆意味着将信息保留在大脑中备用。记住了一些信息，其实只是将它们储存在大脑中，并没有加工，这类信息仍为原始数据。所以，我们虽然记住了它们，却无法应用它们去解决任何问题。

**第三章 提高理解力**

关于记忆，经常会出现的一种情况是：我们的大脑里充斥着无数未加工的信息，它们扰乱了我们的思维。这对于我们的学习不仅没有帮助，反而还有坏处，我们会因此无法有效地使用这些信息来满足我们的需求或解决问题。

你理解得越多，需要死记硬背的知识就越少。

信息过载！

### 结论

当理解了事物的本质,知道该如何应用学到的知识,我们便向着成功迈出了重要的一步。

SUCCESS ←

成 功

# 第四章

## 学会聪明学习

作为一名学生，你是否有过以下困惑：

学习很努力，为了准备考试甚至挑灯夜战，可最后仍然没有取得预期的成绩。
难道不是只要努力学习，就能获得成功吗？
到底努力学习重要，还是聪明学习重要？
想要聪明地学习，应该做到哪几点？怎么做？

想要解开这些困惑，就让我们一起阅读本章，去找一找答案吧！

> 你不是不努力，你只是不会努力！

## 打破努力神话

"如果想考 100 分，你就得努力学习！"
"别偷懒，你只有努力学习才能取得好成绩！"
"只要努力学习，你就可以实现你的人生目标！"
............

以上是周围那些相信"努力神话"的人的口头禅，这些话像紧箍咒一样，逼迫我们不断努力，令我们陷入痛苦、不得解脱。的确，有一些成功要靠勤奋和努力才能获得，但有时候光靠努力是不够的。古人常说的"一分耕耘一分收获"，在现在这个社会已经不完全适用了。

挑灯夜战备考，却得不到你想要的成绩。你有过这样的经历或困惑吗？不是说只要努力就能成功吗？毕竟，很多人尤其是我们的父母都是这样告诫我们的呀！

你有没有想过，只靠努力没法保证取得好成绩时应该怎么做呢？

# 第四章 学会聪明学习

挑灯夜战

## 故事启示录

### 伐木比赛

有两个伐木工人一起去参加伐木比赛。他们都很强壮，而且都有赢得比赛的决心。

比赛开始了，他们选择了不同的伐木方法。第一个工人非常努力，动作迅速地砍倒他面前的每一棵树。为了节省时间，他甚至连饭都顾不上吃，一整天废寝忘食地努力工作着，期望自己的辛勤劳动能够得到丰厚的回报。第二个工人则轻松悠闲、不疾不徐地伐木，不仅照常享用午餐，饭后还休息了一小时才开始工作。

最后获胜的竟是第二个伐木工人！这令勤劳的工人很失望，认为比赛不公平。终于，他忍不住走过去问对手："我不明白，我工作比你努力，工作时间比你长，甚至连午餐都没吃，获胜的应该是我才对啊！而你却轻轻松松地赢得了比赛，这不公平！难道我做错了什么吗？"

他的对手笑了笑，回答说："你只看到我午休，却没看到我一边休息一边磨快了我的斧子。"

磨刀不误砍柴工

这个故事告诉我们，虽然努力做事可以完成任务，但聪明地做事才能让我们得到预期的结果。

## 聪明学习的必要性

努力学习很重要，但有时会导致人们"只顾低头拉车，不顾抬头看路"。

让我们回头看看伐木工人的故事：勤劳的伐木工人之所以输掉了比赛，是因为他不懂得停下来思考。如果他当时能够认真思考一下，就会意识到"工欲善其事，必先利其器"的重要性：除了坚持全力以赴地砍树，他的工具（斧子）也很重要。锋利的斧子能让他砍得更快，而使用钝斧子会让他每砍一棵树都花掉更多的时间。所以，我们必须清楚，努力不一定能成功，有时还得用聪明的方法去努力，这一点十分重要。如果不能聪明地做事，我们可能就会白白地浪费很多时间和精力。

你周围有这样的同学吗？他们在学校夜以继日地学习，但考试成绩仍然很糟糕。还有一些同学，虽然学习也刻苦，但总有时间玩乐，还能在考试中名列前茅。这两类同学，学习的内容是相同的，为什么第二类同学总能轻轻松松取得好

**努力学习不一定能成功**

成绩，而第一类同学在大多数情况下都与好成绩无缘呢？是因为第二类同学的智商更高吗？有可能，但更主要的原因是面对同样的学习内容，他们用了聪明的方法去学习。

我们当然应该努力学习，但也需要聪明学习。为什么我们既有发达的肌肉又有聪明的大脑呢？就是为了让我们在做事情的时候能二者并用。当然，做的事情不一样，二者的使用程度就各有不同。

## 故事启示录

### 西瓜的故事

一位母亲带着她的小女儿来到一个种植西瓜的农场。小女孩独自漫步,想为妈妈买一个西瓜。她看中了一个大西瓜,就向农夫询问价格。

农夫答道:"这个吗?要5美元。"

"可是我只有50美分!"小女孩沮丧地说,"我想给我妈妈买一个西瓜……"

农夫四下看了看,指着最小的那个西瓜对小女孩说:"要不你买那一个吧,那个只要50美分。"

小女孩听到后眼睛一亮,回答道:"太好了!我就要它了!"她付了钱,接着说道,"请不要把它摘下来,就让它继续长在瓜藤上,我一个月后再来取。谢谢!"

不用说,农夫肯定傻眼了……

明白了吗?有的时候,简单地思考反而是聪明的做法。

## 从努力学习到聪明学习

"我们该努力学习还是聪明地学习?"

这是很多人关心的问题。一些教育者推崇努力学习,他们坚信只有长时间地付出努力才能获取成功。也有一些教育者认为,正确的做法是聪明地学习,而不是努力学习,找到最高效的方法来完成任务,才能获得成功。

必须承认,这两派各有道理,那我们到底该认可哪一派的观点呢?

我发现,到目前为止,更有效的方法是用聪明的方法努力学习,这样就两全其美了。虽然聪明学习听起来令人振奋,但别忘了,我们仍然需要付出努力才能获得成功,天上可不会掉馅儿饼。

聪明地学习

为了能够聪明地学习,我们必须做到以下五个方面:

**第一,努力找到高效的学习方法。**

高效的学习方法,可能意味着将类似任务或多个任务组合在一起。只要在组合的过程中能减少步骤或合并一些步骤，提高效率，这样的方法就值得采用。

**第二，努力适应变化。**

在当今世界，唯一不变的就是变化。如果不适应或不能快速地适应周围发生的变化，我们就会落伍。因此，我们要关注变化，并适应这些变化。只有这样，才可以顺利快速地向前进。

**第三，努力做好前瞻性规划。**

周围的环境在不断变化，提前做好计划对我们而言尤为重要，这样我们就能尽早预见可能出现的情况，避免发生措手不及的状况。

**第四，努力从错误中学习。**

从错误中学习是非常可取的方式，我们可以以此获得新知识、纠正错误的认知。我们不仅要从自己的错误中吸取教训，还应该从他人的错误中吸取教训、积累经验。其他人有可能走了错路或弯路，向他们学习可以让我们避免再犯类似的错误，何乐而不为呢？

**第五，努力跟上高科技的发展趋势。**

如今，随着计算机、互联网和智能手机的普遍使用，我们想要通过这些工具来获得信息，简直易如反掌。新兴科技能帮助我们更好地编辑和储存各类文件，各种软件也

**高科技助力**

可以帮助我们更快、更高效地学习或工作。

相信以上这五个建议,可以帮助我们在聪明学习的旅程中更轻松地前进。

## 故事启示录

### 努力老板 PK 聪明老板

有两位老板,他们拥有同样出色的能力,生意也都做得很成功。

第一位老板凡事亲力亲为。他觉得聘用员工浪费钱,因此,他既负责确定经营思路、拟定商业计划,又兼管行

**第四章 学会聪明学习**

聪明老板　　　努力老板

政及其他杂务，整日埋头苦干，没有空闲。

而第二位老板选择把工作安排给不同的人去做。他雇用一个秘书来处理行政工作，雇用一个会计来管理金融事务等。有团队来处理具体的业务，他便能集中精力思考经营策略，也不会过度劳累，还有时间娱乐和休息。

一年之后，第一个老板由于身体不好，不得不结束自己的生意，第二个老板的生意却越做越大，取得了更大的成就。

这个小故事说明：努力工作可以让人取得一定的成绩，而聪明工作可以让人获得更大的成就。学习亦是如此！

## 结论

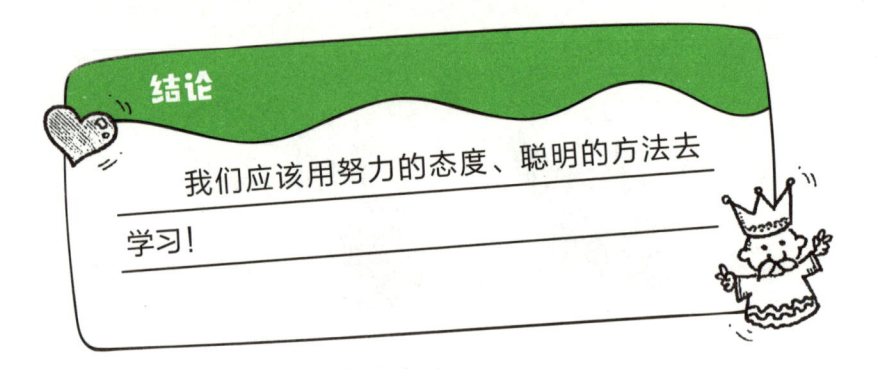

我们应该用努力的态度、聪明的方法去学习!

聪明学习

# 第五章

# 注重学习效果

做到以下几点，获得最好的学习效果并不难：

努力学习，也要适当休息，做到劳逸结合、张弛有度；
阶段反思，审视自己的学习方法是否聪明又科学；
高效利用碎片化时间，不浪费每一分每一秒。

那么，如何才能做到以上几点呢？在本章中，作者给大家介绍了科学有效的实施方法，我们一起去看看吧！

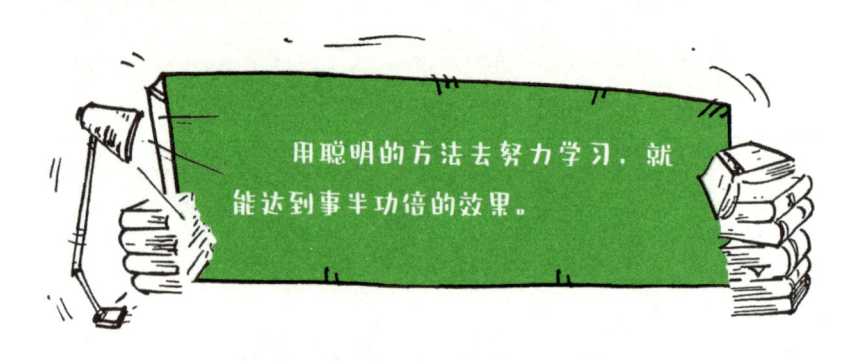

> 用聪明的方法去努力学习,就能达到事半功倍的效果。

## 在学习中收获,在反思中成长

对于由于学习时间有限而没法获得的那些回报,我们常常会自我麻痹地认为那些东西其实是唾手可得的。通常,我们会以时间不够作为未能实现目标的借口。一天只有24小时,要做的事那么多,我们怎么可能达成所有目标?

这似乎就是有些人无法达成目标的原因。我们常常感到筋疲力尽、捉襟见肘,那么,有什么方法可以帮助我们克服这些困难呢?

## 学习应当张弛有度

"只学习,不玩耍,聪明的孩子也变傻。"这句谚语巧妙地说出了过度学习、疲劳作战带来的问题。虽然努力学习以达成预期目标很重要,但同时我们也应该劳逸结合,

## 第五章　注重学习效果

**处处受限**

以防身体透支影响健康。

  我们应当明白，要在学习上取得好成绩，可不能像百米冲刺那样猛冲一气；相反，应该像跑一场马拉松，我们需要定好前进的速度，然后一丝不苟、持续不断地前行。学习如同一场终身的旅行，不可能一蹴而就，我们应该让学习成为日常生活的一部分，并将学习与娱乐一并融入我们的生活中。

放慢自己的步伐

## 故事启示录

**橡皮筋的故事**

一个年轻人想要找出可以更好地利用时间和精力来工作的办法，于是，他向一位年长的智者寻求答案。智者了解了年轻人的想法后，带他去见了另外两个人。

他们见的第一个人是一位非常成功的商人。他忙于一项接一项的业务，过于忙碌的生活令他看上去疲惫不堪。

第二个人是个懒汉，他成天游手好闲，什么正事都不干。

## 第五章 注重学习效果

在见过这两个人后,智者问年轻人谁是他的榜样。年轻人对这个问题感到困惑:这两个人没有一个是好的榜样。商人虽然成功,但生活太紧张了;懒汉则完全是在消磨时间、浪费生命。

年轻人想了一会儿,回答说:"如果两个人能综合一下,既花时间工作又有时间玩乐,就再好不过了。"

智者听了这话笑道:"是啊,看来你已经意识到了平衡

失去弹性的橡皮筋 VS 绷紧的橡皮筋

的重要性。想象一条绷紧的橡皮筋——这就是商人的状态，再想象一条失去弹性的橡皮筋——这就是懒汉的状态。所以你必须像一条正常状态的橡皮筋一样，工作的时候绷紧自己、力求最好的结果，休息的时候就彻底放下、完全放松。"

年轻人点了点头，感谢智者给予的宝贵教诲。

这是我们所有人都应该学习的：努力工作，尽情玩乐。

## 最大限度地利用时间

由于我们每天拥有的时间是恒定的，因此合乎逻辑且明智的做法是：让我们的时间和精力充分发挥作用，以获得最好的效果。为了达到这一目的，我们需要最大限度地利用时间，既要聪明学习又要勤奋学习，确保完成好每一个任务。

因此，我们需要看看，自己是否科学地利用了时间，是否为每个任务合理安排了时间，以保证获得预期的成果。

第五章 注重学习效果

## 利用好等候的每一分钟

高效利用时间的最好方法之一，是充分利用"一小会儿"——碎片化的时间。它的意思是，在等人或打扫房间的时候，我们可以做点别的事，更充分地利用时间。人们最常见的等待状态是闲聊、玩手机或发呆，然而，这些时间其实可以被更好地利用起来，比如可以利用这些时间来读几页书或进行考前复习。

成功的学生会充分地利用时间，绝不让时间被白白浪费。他们会精心制作复习卡片，在上面记满笔记，并随时随地携带；或利用高科技手段将自己的笔记上传至随身携带的电子设备，以便随时随地复习。这种充分利用时间的方法相当有效。

几乎所有成功的人都懂得时间的重要性，将其视为珍贵的资源。对他们来说，时间就是生命，浪费时间就等同于浪费生命。我们应该以他们为榜样，最大限度地发挥时间的作用，以获得最大的收益。

大多数人都知道毕达哥拉斯定

不浪费等候的时间

**毕达哥拉斯**

理，即勾股定理，直角三角形两条直边的平方和，等于斜边的平方。然而，我们所不知的是，据说，毕达哥拉斯（约公元前 580 年 ~ 约公元前 500 年）是在等待觐见萨摩斯城的统治者波利克拉特斯时发现这个定理的。

等待觐见时，毕达哥拉斯在宫殿大厅里走来走去，认真观察周围的环境。他低头看到地板上的砖是正方形的，作为一个从不浪费时间的人，他立刻开始思考和想象，对角线是如何将正方形划分为两个直角三角形的。接下来他又进一步思考，总结出了这个以他名字命名的定理。

这则故事说明了，重视等待的每一分每一秒，善加利用，可以获得更大的成就。

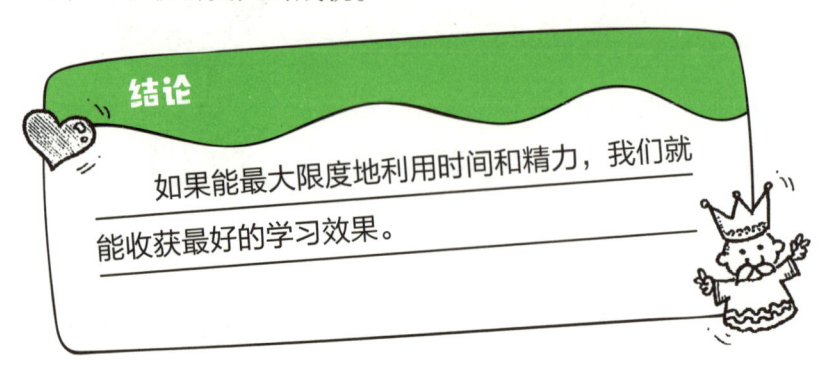

### 结论

如果能最大限度地利用时间和精力，我们就能收获最好的学习效果。

第六章

# 掌握学科的特殊性

你知道吗，在进入一门课程的学习之前，我们需要先了解课程的教学要求：

全学年的课程学习包括多少章节？
每个章节讲了哪些重要的知识点？
哪些章节是需要重点学习掌握的？
如何根据这些要求合理制订学习和复习时间表？

了解教学要求是课堂学习取得事半功倍的效果的前提。其实，除了教学要求，掌握考试要求也很重要。学生到底需要掌握哪些考试要求？有什么备考妙招可以帮助我们考出好成绩？在本章中，作者将为我们解开这些疑惑。

> 着眼于大局很重要，但也别忘了兼顾细节。

## 既见森林又见树木

如果前方出现了一座森林，首先映入眼帘的肯定是一整片绿茵，走近之后才能看到一棵棵树木和其他更小的东西。同理，在学习上，我们首先应该知道的是需要学习的课程，例如语文、数学等，只有进一步学习之后，才能深入理解、领会课程的每一章节、每个知识点。

具体地说，对每门课程有了整体认识之后，我们得

整体认识与细节掌握

第六章 掌握学科的特殊性

进一步了解课程的学习要求。不同的课程会有不同的要求，某些课程的要求可能会比其他课程的更高。并且，随着我们学习水平的提高，从初级到中级再到高级，课程的要求也在发生着变化。通常来说，随着课程难度系数的增加，需要学习的内容会越来越多，要求理解的程度也越来越深。如果没有认识到这一点，学生们在面对课程要求的变化时可能将会遭到突如其来的打击。

## 了解教学大纲

每门课程都有教学大纲。了解教学大纲的具体内容是非常重要的，这样才能了解这门课程的广度和深度。随着年级的升高，教学大纲的要求也会发生变化，难度会逐步提升，低年级只需掌握基础知识，到了高年级，就发展为掌握挑战性很强的高难度知识了。

了解教学大纲后，我们就能对这门课程有一个整体的印象和宏观的认识，也知道了全学年的课程学习包括哪些章节，每个章节讲了哪些重要的内容。然后，我们就能根据这些信息提前制订计划，确保自己有充足的时间去学习和复习。

宏观的认识

## 知己知彼，百战不殆

著名的军事家孙子曾经说过："知己知彼，百战不殆。"意思是说，既了解自己又了解对手，才能在战争中不断地取得胜利。的确，我们了解自己的长处和短处后，就能清楚自己能力的高低；如果还能掌握对手的优势和弱点，那么比赛还未开始，我们便已有一半的胜算。

对学生而言，对手就是那些试卷。所以说，只要我们了解了考试的范围和具体要求，就能做好充分的准备，好成绩自然唾手可得。

## 第六章　掌握学科的特殊性

了解你的对手

## 清楚考试要求

部队的军事训练往往包括穿越障碍训练，就是战士们需要在规定的时间内顺利通过布满障碍物的场地。因此，他们必须知道每个障碍物的性状、位置等信息，才可能完成训练任务。

与此类似，在上考场之前，学生必须了解所考的题型、考试的形式以及时间安排等。如果不清楚这些基本情况，没有充分准备，在考场上就会问题不断。试想一下，如果课本和笔记都复习完了，却还是不知道如何运用这些知识来答题，那和完全没有做考前准备有什么区别呢？

考试形式是什么？

因此，了解教学大纲的内容后，下一件必须重视的事情就是弄清楚这门课程的考试要求。

例如：

这场考试是否包括做实验（大部分理科科目都有关于实验的考试）？

是否包括多项选择题？

是否包括简答题？

是否包括论述题？

有些课程的考试会有多张考卷，例如多选题一张考卷、简答题一张考卷、论述题一张考卷。因此，事先了解考卷的类型很重要，这样才不会让自己进入考场后措手不及。

## 制订计划

既然已经认识到一门课程考试要求、考试形式的重要性，我们就可以利用以下表格来更好地理解这门课程的主要内容。

例表一：列出课程名称、各个章节的名称以及每个章节的知识点。

| 课程名称：_____（如数学） ||
|---|---|
| 章节：<br>（例如：比率和比例） | 重要内容：<br>（例如：<br>理解有理数的比例；<br>用最简单的形式表示一个比值等） |

例表二：列出课程名称以及考试的相关题型。

| 课程名称：_____ | 考题的类型 |
|---|---|
| 试卷 1 | （例如：多选题 30 分，45 分钟） |
| 试卷 2 | ［例如：简答题（回答所有问题）40 分，1 小时］ |
| 试卷 3 | ［例如：论述题（五选二）30 分，1 小时 30 分钟］ |

## 从零开始打基础

有人问智者这样一个问题:"古埃及的金字塔是怎样建成的?"

智者的回答简单直接:"石头一块一块地垒起来的。"

同样,我们的学习也需要从零开始。在能够处理更复杂的内容和问题之前,我们必须一点一滴地打下扎实的基础。就像婴儿学走路一样,在迈出第一步之前,必须先学会爬和站。我们一旦牢固地掌握了基础知识,就可以提高学习的难度,掌握更具挑战性的学习内容。

身处这个飞速发展的世界,大多数人都很看重速度和

搭一座迷你金字塔

效率，难免有些急功近利。他们可能会走捷径或用其他方法快速取得成功，可能会忽略基础直接跳入下一个阶段，例如靠快速记忆直接记住答案，而不去理解答案是怎么来的。这样起初可能会获得一定的成功，但这种成功只会是昙花一现。当期末考试来临，需要全面考查所学的内容时，他们就会因为基础打得不牢、掌握的学习内容支离破碎而陷入困境。

## 故事启示录

### 空手道小子

在电影《空手道小子》中，主角丹尼尔跟随空手道大师宫城先生学习。好多天过去了，宫城先生都只让他挥舞手臂，用画圈的动作去擦车。刚开始，丹尼尔非常困惑，不明白宫城先生为什么不教自己任何空手道的招式，后来他终于明白了，他一直在做的画圈擦车动作实际上就是空手道防御动作的一部分。宫城先

打牢基础

## 第六章 掌握学科的特殊性

生是想让丹尼尔练好基本动作。丹尼尔打牢基础后，进一步学习了不同的空手道招式。后来，在武术比赛中，他击败了对手，赢得了冠军。

这部电影向我们传递了一点：无论做什么，先打好基础非常重要。

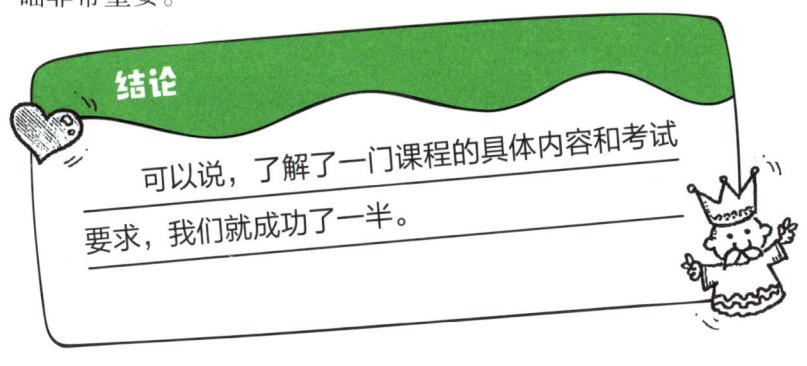

> **结论**
>
> 可以说，了解了一门课程的具体内容和考试要求，我们就成功了一半。

战胜对手　　　TAC

## ※ 小贴士：如何正确地复习备考？※

### 理解力练习

　　学习没有捷径可走，只能脚踏实地地去反复练习，一张考卷一张考卷地做，一道题一道题地去解。复习完课本和笔记后，判断我们是否理解了这些内容的最佳途径就是做题。可以应用所学知识正确解答问题，这才说明我们已经掌握了所学的知识。

　　所以，在复习备考的时候，请留出时间做一下前几年的考试真题。

### 限时练习

　　练完题后，接下来就应该模拟在考试环境下答题。就是说，给自己限定时间，模拟考试。这样做的目的是使自己熟悉考试的条件和环境，最大限度

限定时间

第六章 掌握学科的特殊性

地缓解应试时的紧张情绪。

而且，模拟考试还可以让我们学习如何更合理地安排考试时间。

许多学生常常因为时间把握得不好而不能完成所有的考题。由此可见，复习时留出时间来做定时的模拟考试是十分必要的，它可以帮助我们为真正的考试做更充分的准备。

## 观察答案的构成方式

另一个聪明应试的好办法是观察尖子生是怎样答题的。老师有时会提供一些答题范例，让大家明白答题的规范以及最佳的解题方法。这些范例非常有用，可以让大家清楚看到答案是如何一步一步得来的。如果在考试中遇到类似的题，大家就能够根据答题范例灵活地应用所学的方法来轻松答题了。

# 第七章

# 保持良好的心态

良好的心态对成功起着至关重要的作用，作为一名学生，应该如何让自己保持良好的心态呢？除了提高抗压能力、调节负面情绪、坚定胜利的信念，确定目标及制订计划也非常重要。本章节中，作者为我们介绍了一种科学有效的目标管理方法——4D法：

目标（Destination）：确定目标，并将它写下来。

愿望（Desire）：写下你准备为实现目标做出的牺牲。

决心（Determination）：找一件可随身携带的物品，如腕带，将它作为你的目标提物。

自律（Discipline）：制作进度表，严格按计划步骤，一步步推进。

> 思想有多远，我们就能走多远。

## 心态决定一切

那些心无旁骛、专注于自己领域的成功者和冠军身上有什么共同的特质呢？答案是：他们都具有必胜的信念。在任何领域想要成为顶尖人才，除了需要具备知识、技巧和能力，积极的心态和必胜的信念也是非常重要的。

想象一下，掌握再多的知识，但应试时无法保持冷静沉着，会有什么结果？如果无法化解考试压力，掌握再多知识也没法取得好成绩。所以说，良好的心态与态度对成功起着至关重要的作用。

良好的心态

# 第七章 保持良好的心态

## 抗压能力

你一定看到过不倒翁吧?

那是一种玩具,形状像鸡蛋,底部附重物。当你试图推倒它时,你会发现,手一松它就会摇摆着弹回原位。别看不倒翁只是一种玩具,它却能成为我们的好榜样。它用行动告诉我们一个重要的道理:跌倒并不可怕,在哪里跌倒就在哪里站起来,千万别放弃。

在生活中,我们可能需要面对数不清的挫折。同样,在学习中,我们也会被难题困扰或者经历失败的打击。受不了挫折的人可能会被击倒,需要花很长时间才能重新站起来。另一些人则会勇敢接受前进道路上的失败,像不倒翁一样迅速"弹回原位",从失败中吸取经验教训,继续走好他们的人生路。

从不放弃的不倒翁

## "草莓一代"

大家应该听过这样的一代、那样的一代等说法,你们听过"草莓一代"吗?

据说,如今这代青少年就被称为草莓一代。

为什么呢?因为这代青少年太脆弱。

当然,这可能不是一个公正的评价,并不适用于每一个青少年。一些青少年经历过艰难困苦后会变得坚强;然而,许多青少年,尤其是发达国家的一些青少年,他们生活在父母的庇护下,安逸幸福,没机会经历艰辛,他们的字典里不会有"失败"或"拒绝"这样的词。

你能想象到这些青少年在第一次遭遇挫折或失败时的

草莓一代

样子吗？对他们来说，那简直就是遇到了一场巨大的灾难。他们没法很好地应对，有些人可能持续几天甚至几周都沉浸在沮丧的情绪中无法自拔。对那些不能接受失败的人来说，这种负面影响会给他们带来极大的压力，甚至可能令他们再也无法从打击中完全恢复过来。

## 从错误中学习

有一个以 F 开头、四个字母组成的英文单词，很多人最害怕看到它。你能猜出这个单词吗？

提示：它常常出现在考得不好的学生的成绩单上。

是的，这个词就是 fail（不及格）。

这个词可能会把很多人吓蒙。对一些人来说，测验或考试不及格就像世界末日一样可怕，因为这说明他们是失败者。其实，这种看法不仅是错误的，而且对学习也十分不利。畏惧失败，就无法从失败中学习、得到成长。一拿到试卷，学生第一时间看的总是分数。考得好就兴高采烈，考得不好就灰心丧气，甚至将试卷一扔了之，希望它从没出现过。如果总是抱着这样的心态，我们怎么可能从错误中学到东西呢？

**以 F 开头的可怕单词**

那么，考得不好怎么办呢？正确的做法是：查清楚哪里出了问题，及时弥补，确保不再犯同样的错误，最好在笔记本中记下这些错误，提醒自己不再犯。例如，很多人在拼写 accommodate 这个词时，会不小心少写一个 m，错拼成 accomodate。如果第一次拼错时不吸取教训，没有及时记住正确拼法，就极可能重复犯这个错误。

在学习那些难度系数大，无法保证百分百掌握的知识时，所犯的错误既可能成为学习中巨大的障碍，也可能成为很有帮助的提醒。这完全取决于我们如何看待这些错误。

第七章 保持良好的心态

## 坚定的信念

你参加过长跑吗？在长跑的过程中你是否苦苦煎熬，一心只想停下来？我以前上体育课跑 1500 米长跑时，几乎都是这样挣扎过来的。每次刚开始跑步时，我都感觉良好，跑得带劲儿。但跑到一半，看见赛道旁边的标志时，我就开始感到难熬。我的肌肉开始疼痛，呼吸变得困难，大脑不停地告诉我：放弃吧！别再跑了！

当然，出现这种状况可以归因于缺乏锻炼。所以，刻苦训练、增强了耐力后，我以为长跑不再困难。但其实不然！每每跑到一半的时候，我的大脑还是会强烈要求我停下来。

我这才意识到，超越身体极限后，精神上坚持下去的力量必须比诱惑身体停下来的力量强大。所以，即便我们有完成某项任务的体能，如果没有足够坚定的信念去执行，结果还是会一事无成。

气喘吁吁

这正是我崇拜那些优秀的马拉松运动员的原因：他们既有惊人的体力，又有强大的意志力。全程马拉松长达42千米，这对运动员的体能和意志都是严峻的考验。

所以，如果想达到既定的目标，我们就必须克服心理和生理上的双重阻碍。

## 态度至关重要

你遇到过浑身充满激情和能量的人吗？其他人都放弃的时候，他们仍像满格的电池一样，坚持再坚持，永不放弃。

你遇到过在生活中乐观积极的人吗？其他人情绪低落的时候，他们总能像阳光一样，照亮周围人的生活。

这些人之所以与众不同，是因为他们拥有普通人不具备的特质吗？

是的！他们拥有的特质就是：积极正向的态度。他们总能保持前瞻性，积极主动地去处理遇到的问题。他们还有一个特点就是，总能将注意力集中于自己的目标，坚持不动摇。

第七章　保持良好的心态

能量满满！

## 要有清晰的目标

学习不好的原因有很多，比如做事拖拉、注意力不集中等，不过最关键的一点是缺乏明确的目标。

缺乏目标

　　缺乏目标的人就像没有帆的船一样，在汪洋大海中漫无目的地随波逐流；而一旦有了追求的目标，他们就会发现生命和生活都变得更有意义了。确立了目标，我们就会为之努力、为之奋斗。

　　因此，目标的确立对希望在学习或生活中取得成功的人来说至关重要。简而言之，我们首先要在心中确立一个或一些目标，然后才能制订相应的计划来实现它们。

# 第七章 保持良好的心态

## 故事启示录

未来掌握在自己手中

艾伦和皮特是好朋友,在学校都是好学生。他们很用功地学习,希望取得好成绩,考上理想的中学。

艾伦的目标就是考入他选择的那所中学。达成目标后,艾伦非常满足,开始享受学校生活。他不再努力学习力争取得优异的成绩,毕竟,他已经实现了当初的目标。当有人问他今后的目标是什么、希望考上哪所大学时,他轻松地耸耸

把握住未来

肩回答说，就让最后统考的成绩来决定自己的未来吧。

皮特则不一样。能够进入理想的中学学习，皮特很高兴，但他的抱负不止于此，他还想考上理想的大学，学习理想的专业，梦想成为一名会计师。为了实现梦想，他集中精力，坚持努力学习。

最终，全国统考成绩出来了，皮特名列前茅，顺利考上大学，进了理想的专业学习。而艾伦成绩平平，刚过录取分数线，虽上了大学，却没法选择自己喜欢的专业。他有些后悔和失望，很羡慕皮特的好成绩，但现在后悔已经太晚了。

这两个有着不同目标的青少年的成长故事告诉我们：有目标、有梦想至关重要。那些对未来有清晰规划的学生，就像坐上了可以自己掌舵的帆船，向着目的地顺利航行；而那些对未来没有清晰规划的学生，则相当于抓着一块木板漂浮在海面上，看不清方向，只能随波逐流。

## 别让梦想只是"想"

每个人都有梦想。有些人梦想着有朝一日能够拥有财富和权势；有些人梦想着成为最优秀的学生，考入国内顶尖的大学；还有人梦想着过上幸福充实、无忧无虑的生活。不过，无论有什么梦想，都不能只停留在"想"这个阶段，要制订出实现梦想的切实可行的计划才行。

梦想的英文单词 DREAM，也可以看作是一个首字母缩写词，五个字母分别代表着：敢于（Dare）去实现（Realize）每一个（Every）抱负（Aspiration），不错失良机（Moment）。

如果我们有抱负，有勇气，坚信自己的梦想能够实现，我们就迈出了实现梦想的第一步。

**梦想全靠"梦"**

# 4D 法

4D 法是一种简单、直接的方法，用以帮助我们思考和制订计划，实现目标。

4D 代表的是以字母 D 开头的四个单词：

> 4D——
> 目标（Destination）
> 愿望（Desire）
> 决心（Determination）
> 自律（Discipline）

## 目 标

目标指的是我们希望到达的终点或达到的最终目的。不管想要实现什么梦想，我们都必须首先设定一个目标，然后再努力一步一步地去实现它。

## 愿 望

愿望指我们想实现某个目标或得到某个东西。如果很想实现某个目标或得到某个特定的东西，就应当竭尽全力，付出 101% 的努力。这意味着我们必须愿意在此过程中有所

第七章　保持良好的心态

牺牲，比如放弃一部分玩乐或休息时间，加倍努力，以达成目标。

## 决　心

决心指的是实现目标需要具备的意志力。许多人都缺乏追求目标的意志力，开始时可能充满激情，但是在努力的过程中激情会逐渐消退，他们会因为其他事情分心，或因为筋疲力尽而失去前进的动力。

前进的决心

## 自　律

自律是指追求梦想和实现目标必须具备的自我控制能力。

如果不自律，我们会变得懒惰，以至于偏离既定的目标。

我们可以套用下面的表格来制订实现目标的计划：

| 4D 法 ||
| --- | --- |
| **目标：**<br>你的目标是什么？ | 写下你的目标。 |
| **愿望：**<br>你有多希望实现目标？ | 写下你准备付出多大的努力。 |
| **决心：**<br>你是否能够集中精力去实现目标？ | 找一个方便随身携带、随时可查看的物件，把它作为你集中注意力、不偏离目标的提醒物。（比如一根腕带、一枚戒指等。） |
| **自律：**<br>你是否已经开始按计划完成任务了？ | 制订计划表，让你能够根据时间安排朝着目标前进。 |

**第七章** 保持良好的心态

瞄准你的目标

4D 法是一个简单而实用的方法,能够帮助你瞄准目标、迈开步子,一步一步去实现自己的梦想。

### 结论

做好了应对失败的心理准备，就是为成功做好了准备。

获得成功

### 第七章 保持良好的心态

## ※ 小贴士：备考、考期、考后应做事项清单 ※

下面是一些我们在考试之前、考试当天、考试期间和考试之后可以做的事情。

### 考试之前

1. 复习重点知识和概念。在考试之前去学习新知识是不切实际的。

2. 恰当运用想象力。想象，可以让我们在着手实施之前将过程形象化。我们可以在脑海中"放映"一遍考试的整个过程，缓解临考的紧张情绪；还可以想象一下自己取得成功的画面，这会激发我们为之奋斗的信心。武术界的传奇人物李小龙说过："你想象着自己将成为怎样的人，你最后就会成为怎样的人。"

"放映"考试过程

3. 好好休息、好好睡觉。成语"临时抱佛脚"的意思是，事先不做准备，到最后关头才赶着做早应该做的事情。临考前，尽可能不要"临时抱佛脚",不要熬夜。

## 考试当天

1. 早餐要吃好,以便有足够的能量去完成考试。

2. 复习一下重要知识点。

3. 深呼吸,平复紧张情绪。

记住:正确地对待考试。这只是一次考试而已,并不是世界末日。如果能这样想,我们就会感觉更放松一些。

## 考试期间

1. 注意力集中。

2. 仔细阅读考试说明和考题。

3. 先做最有把握的题。

4. 注意控制时间。

5. 如果时间允许,检查一遍答案。

6. 不要有自满的情绪。

## 考试之后

1. 考完就放下。不要四处打听、核对答案,此时没人知道正

第七章 保持良好的心态

确答案是什么,所以这样做没有意义。

2. 放松,为下一场考试清空大脑。

3. 集中注意力去完成后面的考试。

清空大脑

# 第八章

# 选用适合自己的方法

你是哪种类型的学生,有什么学习特点呢?快来看看吧!

视觉型学习者:图表爱好者。喜欢通过板书讲解或 PPT 演示来学习知识。

听觉型学习者:小组讨论爱好者。喜欢听着音乐学习或大声朗读学习内容。

运动型学习者:课堂角色扮演爱好者。习惯在思考或学习时走来走去。

逻辑型学习者:"模式"运用爱好者。喜欢按程序办事,寻找不同的模式来处理问题。

清楚自己是哪种学习者了吗?现在,一起去找找适合你的学习方法吧!

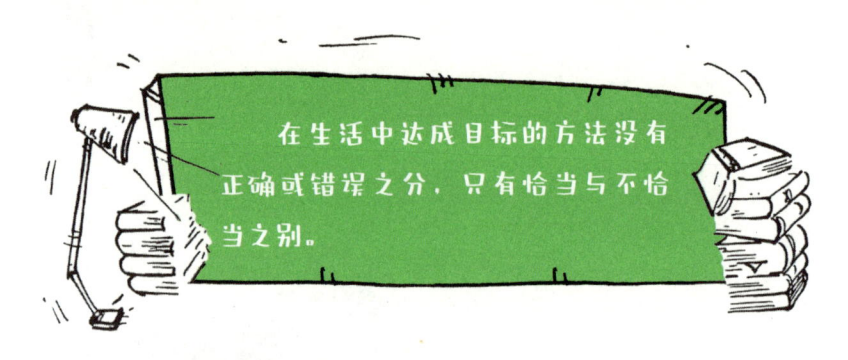

> 在生活中达成目标的方法没有正确或错误之分,只有恰当与不恰当之别。

## 选择恰当的方法

可以帮助学生学习知识、完成作业、复习功课的方法很多,有些学生只使用其中一种方法,但通常情况下,灵

要用哪种方法?

第八章　选用适合自己的方法

活采用多种方法学习，可以取得更好的成绩。

不过最重要的是，应当采用能满足自己学习需求的方法。

## 思维导图

现代思维导图是托尼·博赞发明的。概括地说，思维导图就是一张图表，是一种图像式思维的工具。在使用思维导图的时候，首先列出关键词，然后根据相关的字词、想法、概念或其他关联项目的重要程度，将它们与关键词链

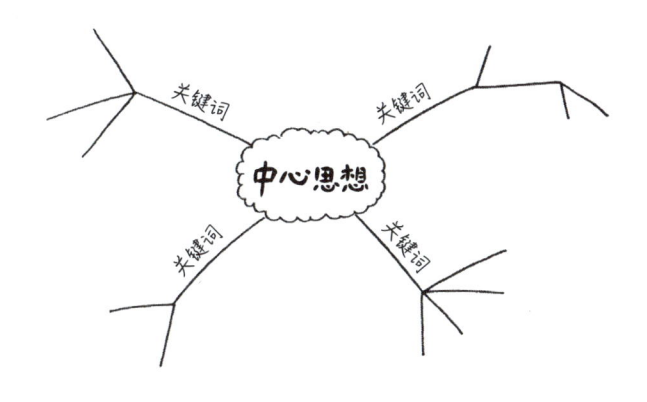

思维导图　　　　　　　　　　　TAC

接起来。使用思维导图的目的是展示不同信息碎片之间的有机联系。

思维导图就是以一种放射状的、非线性的图表方式，直观地展示思维。这种方法鼓励学习者以头脑风暴的方式来组织信息，并且让学习者看到信息的全貌。

## SQ3R 法

SQ3R 法已经通过实践和测试，能帮助学习者用整体观念来进行学习和复习。

SQ3R 代表的是：浏览（Survey），提问（Question），阅读(Read)，背诵（Recite）和复习（Review）。

### 浏 览

浏览就是大致地看一下内容，对将要学习的内容有一个整体的印象，就像我们不知道目的地的具体位置以及到达那里的方式，因此在出发前先看看地图一样。

### 提 问

提问题实际上是在检验我们对所学内容的理解程度。

### 第八章 选用适合自己的方法

在复习笔记和学习材料时，不要怕被问问题，在思考问题的过程中我们会加深对知识的理解，还能在主动积极的问答过程中更好地记住它们。

**积极提问**

## 阅 读

阅读，不仅要读，还要积极主动地去读。也就是说，我们要带着问题去阅读并从中寻求答案。我们应当特别留意文章中的黑体字和斜体字，这些内容之所以被特别强调，一定是有原因的。我们还要注意表格、图像、曲线等，这些形象直观的表达方式通常被用于传达那些更具影响力的观点。

## 背诵

**带着问题去阅读**

背诵是为了回顾阅读过的内容。阅读后，我们应该尽量去回忆重要的观点或概念，尤其是用黑体或斜体标出的部分，并将其归纳成一个整体的概念。我们还应该尽量总结出阅读过的信息之间的关联。采用这样的方式，我们就能更容易地回忆起学习的内容。

## 复习

在复习时，我们会回顾学习过的所有知识。在这个过程中，我们会复习以前的学习笔记，查漏补缺。复习的最佳时间是学完一个章节或一部分相对完整的内容后；如果考试前才开始复习，这样的考试准备是不充分的。

通过复习，我们可以巩固之前学到的知识，为更深入地学习打下基础。有一个成语对此做出了恰如其分的总结——以退为进，意思是为了达到前进的目的，先要后退。这个成语启示我们，每项任务进行到一定阶段的时候，最

第八章 选用适合自己的方法

好暂停一下，回顾、检查已完成的部分后再继续推进。如果轻率地快速推动学习进程，我们可能会误解或遗漏某些内容，影响学习效果。

以退为进

所以，我们应该定期复习，这样才能保证学习的进度和效果。

## 做笔记和总结

在课堂上或讲座中有一个普遍的现象：学生们只是坐在那里听讲，不做任何笔记。他们或许觉得自己的记忆力很好，日后需要的时候，能随时记起在课堂上学过的内容。然而，他们没意识到，记忆会随着时间的推移而变得模糊。如果没有记录下课堂学习的内容，很可能过段时间就忘得干干净净。因此，在课堂上做笔记是至关重要的。

除了做笔记，阶段性地总结学到的知识也是一个很有用的学习策略。想象一下，在阶段性复习或考前复习的时候不得不苦读堆成小山的教科书和笔记的情景吧！如果我们之前就整理总结出了所学内容中的重要知识点，不是更好吗？我们在整理总结笔记和其他有用信息的时候，其实也是在加深对各章节学习内容的理解。

总结所学知识

因此，随堂做笔记和认真做总结都是很有用的学习方法，可以帮助我们为测验和考试做更充分的准备。

## 找对学习的地方

除了上述学习方法，还有一些准备工作也很重要，需要认真对待，比如找对学习的地方，为高效学习创造良好的学习环境。

找一个合适的地方来学习其实很重要。现在有许多青少年习惯在快餐店里学习，虽然这谈不上有什么错，然而随之而来的问题是：这样的学习能有效率吗？在快餐店花两小时学习，或许还不如在合适的地方花一小时学习的效率高。所以，学习能否取得好的效果，也与学习场所是否合适密切相关。

合适的学习场所能让我们的注意力只集中在学习上。通常来说，我们的学习效率不高也可能是因为学习的场所容易让人分心，不利于集中注意力。

下面这些场所是现在的青少年普遍喜欢的学习地点，遗憾的是，这些地方都不是合适的学习场所，不利于高效率学习。

## 床　上

　　大家都知道，床是用来睡觉的。因此，可以想见，我们在床上学习时很容易犯困、打瞌睡。应该明确的是，我们要找的是一个学习的地方，而不是睡觉的地方。

在床上？

## 客　厅

　　一提到客厅，大家往往就会联想到放松和休闲。这也是将沙发、电视机、音响等休闲娱乐设备放在客厅的原因。想想吧，有那么多干扰和诱惑在身边，要把所有的注意力都集中到学习上有多困难！

第八章 选用适合自己的方法

### 快餐店和咖啡馆

快餐店和咖啡馆是进餐、放松和聚会的地方,里面会有太多干扰,我们不可能把精力集中在学习上。

说了那么多不适合学习的场所,哪里才是适合学习的地方呢?

答案很简单,最适合学习的地方,就是你房间里的书桌前。如果你的书桌面对着墙壁,坐着很舒适(但又不会让人打瞌睡),那简直再好不过了。还得注意,学习的地方照明要好。适度的照明对集中注意力是有帮助的,光线太暗或太强,都会给视力造成负担。另外,合适的学习场所还需要具备良好的通风条件,闷热的环境肯定会使注意力难以集中。

对没有自己的房间或和他人共用一个房间的青少年来说,最

快餐店?

佳的替代方案是，找一个安静的地方，诸如社区图书馆或自习室来学习。

还有，学习必需的资料、文具以及其他用具最好提前准备好，放在旁边，以便学习时更高效专注。

### 结论

确定什么是最适合你的学习方法，将这些方法应用到学习中去，你就可以提高效率，取得更好的学习成果。

**找到适合自己的学习方法**

# 第八章 选用适合自己的方法

## ※ 小贴士：你是哪种类型的学生？※

过去，各所学校的教室环境和教材教学都有统一的风格和标准。现在这种情况可能仍然存在，不过，大部分学校和教育工作者更加推崇因材施教的灵活教学方法。

如果清楚自己是哪一类学生，我们就可以选用对应的学习策略来提高学习效率，就能提高获取知识的速度和增加对内容的理解深度。

关于学习者类型，说法很多，简而言之，基本上可以归为以下四种。

### 视觉型学习者

如果你是一个视觉型学习者，就应该更多地使用有图像、画面或颜色的学习方法或工具来辅助学习。现在你明白自己为什么喜欢通过板书讲解或 PPT 演示来学习了吧？这样做能帮助你看到概念，很容易

视觉型学习者

地将信息或知识形象化。

## 视觉型学习者的口头禅：

* 让我们瞧瞧这是怎么来的；
* 我能清晰地将它描绘出来；
* 让我们换个角度来看这个问题。

## 给视觉型学习者的小贴士：

* 用表格、图画来组织信息，帮助理解和记忆；
* 思维导图法对你的学习很有用；
* 做笔记的时候，确保重点突出，使其看起来更醒目。

## 听觉型学习者

如果你是一个听觉型学习者，那么你会喜欢伴随着声音或音乐学习。总的来说，你会有良好的节奏感和音准。如果把学习内容朗读出来，学习效果会更好哟！并且，如果

听觉型学习者

## 第八章 选用适合自己的方法

你是这类学习者,你会发现,自己进行书面学习的时候,可能容易觉得困难、厌倦。

### 听觉型学习者的口头禅:

\* 那听上去很耳熟;
\* 听起来那是正确的;
\* 我需要大声、清楚地把它读出来。

### 给听觉型学习者的小贴士:

\* 通过听觉来学习的效果最佳,所以,只要环境允许,请大声地读出你的笔记或者书本中的内容。
\* 尝试在班级或学习小组里组织一些高效而且有价值的讨论。
\* 听力刺激对你有帮助,所以试着在学习或复习时听点儿音乐吧!古典音乐应该是首选,不过这也因人而异。重要的是,要选对音乐,不然它可能会令你分心。

### 运动型学习者

如果你是运动型学习者,你会倾向于伴随着运动学习。对你来说,一动不动地坐着听完整场报告是一种折磨,令你烦躁不安。大多数运动型学习者习惯在思考或加工信息时走来走去，而且他们最喜欢在课堂上进行角色扮演。

## 运动型学习者的口头禅：

* 我要抓住这一点；
* 我感觉那是对的；
* 我对此的确感觉很好。

运动型学习者

## 给运动型学习者的小贴士：

* 学习时别干坐着，站一站或来回走一走。当然，尽量别走出房间。
* 适时停下来锻炼放松一下，让大脑保持活跃。
* 学习的时候多用彩笔或荧光笔做笔记，让你的双手忙起来。

## 逻辑型学习者

如果你是一个逻辑型学习者，你会喜欢动脑筋，用数学和逻辑进行推理。你能很容易地识别出不同的模式，而且喜欢将信息系统地组织起来。按程序办事、喜欢寻找不同的模式是逻辑型学习者的学习特点。

### 逻辑型学习者的口头禅：

＊这看起来符合逻辑；
＊让我们按照程序和进程要求来吧；
＊让我们来看看是否有一定的操作模式。

### 给逻辑型学习者的小贴士：

＊使用思维导图；
＊在学习的过程中多画流程图。

判断出自己属于哪一类型的学习者了吗？快快开始采用适合你的方法来学习或复习吧！

**逻辑型学习者**

# 第九章

## 适当休息与放松

在经过长时间高强度的学习后,你是否有过这样的体验:

思路不清晰,学什么都一团糟;
记忆力减退,无法回忆起学过的内容;
难以集中注意力,迷迷糊糊,老是分心;
没耐心、易烦躁,总想对人发脾气。
…………

出现这些现象,就说明你的脑力和体力使用已经达到极限,需要停下来好好休息一下了。

可是,如何才能让身心得到充分的休整呢?本章节可以帮助你解开这个谜题。

> 休息,实际上也是在为学习做准备。

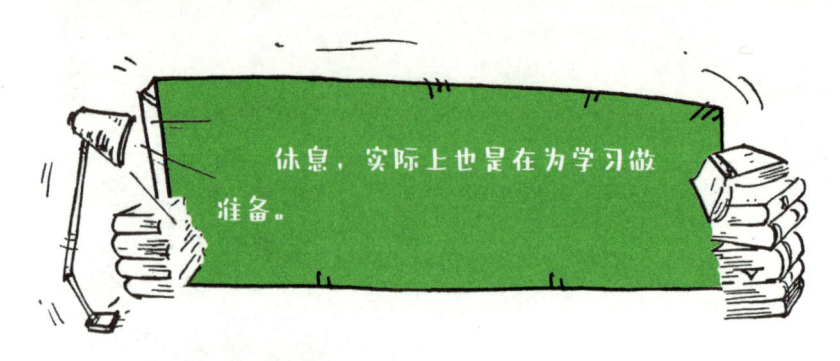

## 大脑需要休息

科学研究表明,在学习了一段时间之后,让大脑休息一下是非常重要的。我们的记忆在休息中会得到强化。如同我们持续地拉扯一条橡皮筋,它终会断掉一样,我们的大脑能够承受的压力也是有限的。感到疲倦的时候,正确的做法就是停下来,让大脑休息休息。

休息中

### 第九章　适当休息与放松

## 平衡好学习与休息的时间

在前文中介绍的"草莓一代"大家还记得吗？

不知道大家是否听说过"快餐一代"或"方便面一代"？

快餐一代

如果你想到的是食物，那你就想错方向了。

它们代表着渴望快速成功或获得满足的一代人。可是快餐和方便面只能填饱肚子，缺乏营养。因此，想真正品尝到成功的甜蜜滋味，只追求速度是不行的，必须投入时间和精力。世界上没有免费的午餐，如果有人告诉你成功有捷径可走，很遗憾地告诉你，话很动听，但不可信！

古代世界七大奇迹之一的埃及金字塔，用了很多年才建成，罗马帝国也靠很多人努力多年才发展到巅峰。所以对我们来说，必须付出足够的时间和努力才能取得成功，不能急于求成。想想看，就像一辆汽车不停歇地行驶总会抛锚一样，如果一直在全速前进，我们的身体可能承受不了如此大的压力和工作量，健康最终会受损。

所以，请记住平衡学习和休息时间的重要性。在成功来敲门之前，努力学习重要，适当休息也非常重要。

## 收益递减法则

在经济学中有一个理论——"收益递减法则"。该法则指的是：如果持续向某个特定的项目或任务投入时间和精力，在达到一定水平后，继续投入只会降低单位投入的收益和产出。

这个理论同样适用于我们的学习。你们一定有过这样的经历吧：持续复习几小

收益递减

第九章 适当休息与放松

时以后,就再也学不进任何东西了,脑力似乎达到了极限。一旦出现了这种情况,再怎么继续努力都毫无成效。这是大脑在提醒我们:停止复习,去休息一下。

## 适当地休息很重要

一年又一年,生活似乎变得越来越忙碌。学校、家庭和生活中有许多需要我们承担的责任,为此,我们常常忙

在生活中盲目奔波

得连坐下来休息一会儿的时间都没有。不知疲倦的生活之轮一味地推动我们往前努力、努力再努力。

然而，休息和放松在生活中十分重要。就算是那些能够生产成千上万件产品的机器也需要在适当的时候关掉电源、停止生产，以避免过劳受损。看，连机器都需要休息，更何况是我们人呢！

## 休息不足的坏处

休息不足，实际上是让自己的身体处于风险之中。因为没有得到足够的休息，我们的免疫系统就会变得脆弱，容易遭到破坏。在这个时候，一旦受到病菌的攻击，我们就会生病，不得不缺课，反而影响学习。

并且，休息不足时，我们的思路会变得不清晰，记忆力会减退，无法回忆起学过的内容，脑子迷迷糊糊的，难以集中注意力，很容易分心。

此外，缺乏休息还会影响我们的情绪，我们会变得容易烦躁、缺乏耐心，动不动就声色俱厉地责骂他人，这个时候，身边的人会首当其冲。看，坏脾气让我们变成了令人厌烦的怪物，而这都是休息不足造成的。

**第九章 适当休息与放松**

AH-CHOOO!!

TAC

**生病了**

所以，一旦觉得自己的脑力或体力达到了满负荷状态，就停下来放松一下吧！

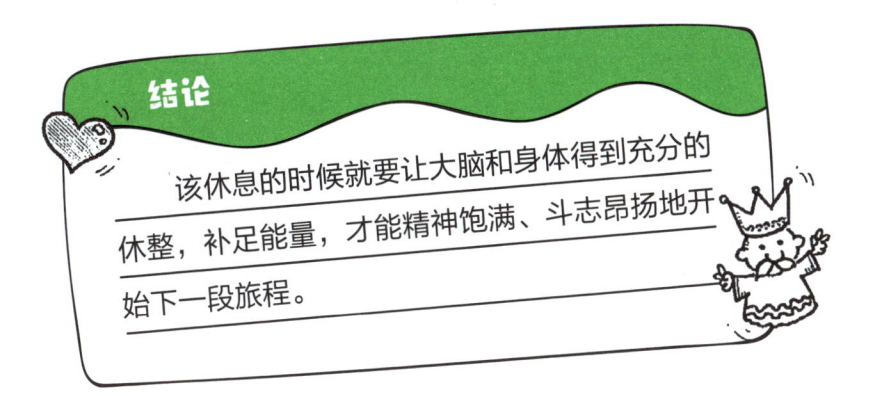

### 结论

该休息的时候就要让大脑和身体得到充分的休整，补足能量，才能精神饱满、斗志昂扬地开始下一段旅程。

## ※ 小贴士：如何让身心得到充分休整？※

### 听音乐

有这么一种说法："音乐能使凶残的野兽变得温驯。"所以，听一些舒缓平和的音乐能让我们放松下来，暂时忘掉繁重的学习任务。

### 深呼吸

深呼吸是舒缓压力、放松神经的好办法。在做深呼吸时，我们会把注意力集中到呼吸的动作上，在这个过程中，大脑也会逐渐冷静下来。所以，每天早晨起床后，在清新的空气中深呼吸几次吧，这样可以让我们的大脑充满活力。

### 冥 想

闭上双眼，忘记一切，让大脑保持空白，同时倾听自己的呼

深呼吸

第九章 适当休息与放松

吸，清除一切杂念。在这个过程中，你的大脑可以得到放松，身体也能重新充满力量。

## 阅读

除了学习笔记和教材，也读一些令你感觉轻松、不用动脑筋的读物吧！文章短、内容有趣的杂志是一个好选择，能带给我们笑声的漫画书也不错。在这样的阅读过程中，之前数小时学习带来的疲劳感自然就消除了。

冥想

## 看电影、电视节目

喜剧或其他轻松的电影可以缓和我们已经变得紧张的情绪，风趣幽默的电视节目也可以让大脑得到放松。

## 吃东西

去咖啡馆喝杯饮料或吃点小吃为自己补充能量。咖啡馆优雅的环境、香喷喷的食物能够帮助我们消除身心的疲劳感。

美味佳肴

## 运 动

  研究结果表明，我们在运动时，大脑会分泌一种叫内啡肽的化学物质，这种物质可以帮助我们减轻疼痛感和紧张感。因此，运动有利于平复焦虑的情绪，使我们感觉更放松。

## 睡 眠

  充足的休息和睡眠是非常重要的。研究结果表明，充足的睡眠可以帮助大脑增强学习能力和记忆力，促使大脑记住新信息和巩固已有的记忆。睡眠还能影响新陈代谢和体重。如果睡眠严重

## 第九章 适当休息与放松

不足，使得身体处理和储存碳水化合物的方式受到影响，那体重也会发生变化。此外，睡眠不足还会导致情绪不稳定、免疫系统容易被破坏等问题，对我们的身心健康极为不利。

请勿打扰！

# 第十章

## 有效管理时间

想在有限的时间里取得更好的学习成绩，管理好时间非常重要。管理时间的方法很多，"交通灯法则"就是其中非常重要的一种。学生可以根据所学知识的重要程度，为它们标上红、黄、绿三种颜色：

红色：应当第一时间学习的内容，重要且容易理解；
黄色：次要学习内容，重要但比较耗时；
绿色：可以最后学习的内容，不太重要。

有了颜色区分，我们就能在学习时分清主次、有序进行了。本章节还介绍了哪些有效的时间管理方法呢？一起去看看吧！

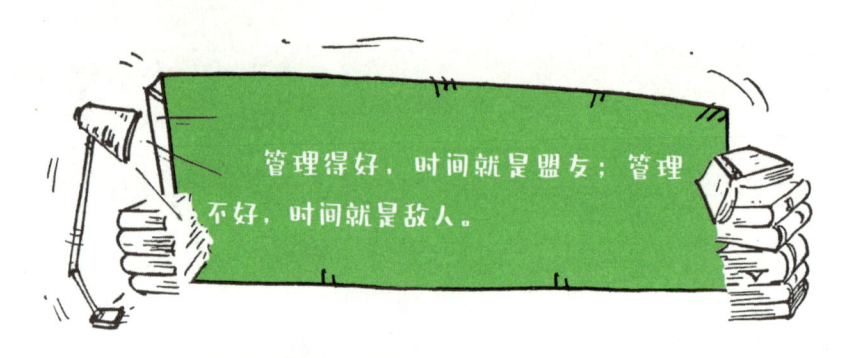

> 管理得好，时间就是盟友；管理不好，时间就是敌人。

## 珍惜时间

为什么有些人仿佛拥有用不尽的时间，而有些人总被有限的时间赶着走？

时间可以被拉长吗？部分人拥有比其他人更多的时间

无价之宝

## 第十章 有效管理时间

（例如，一天不止 24 小时）是可能的吗？

当我们拥有充裕的时间时，时间就是我们的好朋友；一旦时间不够用，时间就会成为我们的对头。那么，怎样做才能使它一直都是我们的好朋友呢？秘诀就是高效地管理时间，不让它白白浪费掉。

## "交通灯法则"

想要增强理解力，取得更好的成绩，除了用聪明的方法来学习，进行时间管理也很重要。在学习和复习期间进行时间管理的目的，是确保我们将时间和精力投入到能够让我们取得最大成就的活动中。

我们可以采用一个恰当的方法——"交通灯法则"来进行时间管理，就是根据所学知识的重要程度，分别为它们标上红、黄、绿三种颜色。

红色、黄色还是绿色？

红色：应当第一时间学习的内容，重要且容易理解。

黄色：次要学习内容，重要但比较耗时。

绿色：可以最后学的内容，不太重要。

如果能够用这种办法把各章节的学习内容分类标识出来，我们在学习的过程中就能分清主次，做好规划，有序学习。

## 与拖延作斗争

拖延是人们最难克服的障碍之一。因为拖延，青少年浪费了许多宝贵的时间，这些时间本可以用来完成项目或者作业。拖延有各种各样的原因，包括害怕失败、过度追求完美等。

是拖延症还是动作慢？

# 第十章 有效管理时间

拖延是一个严重的问题。是否拖延，在很大程度上决定着人们能否管理好时间。为此，我特地创作了一本书来讨论这个问题。如果想了解更多细节，请参阅本系列的另一本书《高效管理时间》。在那本书里，你会找到人们拖延的原因以及克服拖延的建议和方法。

## 找出自己的清醒周期

在享用了丰盛的晚餐之后立刻复习，或是在宁静的夜晚复习，哪一个效果更好？

答案非常明显，是后者。饱餐之后，多数人会觉得昏昏欲睡，没办法高效完成任何事情；无人打扰的宁静夜晚显然是更适合复习的时间。

人类清醒周期的峰值是注意力最集中的时段。有些学生可能在一天开始的前几个小时注意力最集中，而

整装待发！

另一些学生的最佳学习时段可能是其他人都已入睡的深夜。无论哪种类型，只要能找出自己的最佳学习时段，充分高效地利用它，就能取得更佳的学习效果。

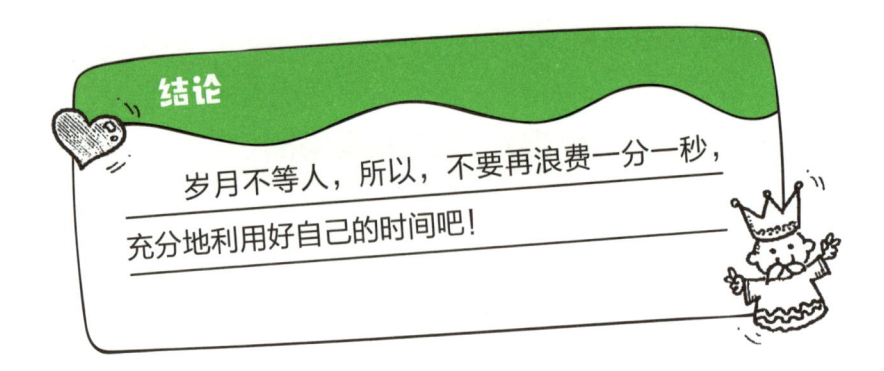

> **结论**
>
> 岁月不等人，所以，不要再浪费一分一秒，充分地利用好自己的时间吧！

高效使用时间

## 第十章 有效管理时间

## ※ 小贴士：时间管理小工具 ※

### 制作倒计时表

制作倒计时表，是帮助我们有效掌握和利用时间的好办法。从根本上来说，倒计时表能让我们随时清楚地知道任务的计划进度以及实际进度，提醒我们合理安排时间，保证任务正常推进，以便在最后期限到来前完成它。

例如，有一个任务于 11 日下达，完成期限是当月的 19 日，我们就可以据此制作倒计时表，让自己能够清楚、直观地看到任务的进度以及剩余的时间。同样，我们也可以用倒计时表来规划复习的进度，让自己在考试前有充分的时间来复习。

制作一个简易的倒计时表，从任务的截止日期开始倒推，安排好所有的学习步骤及完成时间。做好这个表格，我们就为自己的学习任务制作了一个倒计时器！

倒计时表能让我们更全面地了解和安排任务，并从时间管理的角度对其进行统筹安排。有了这个表格，我们可以将任务划分成不同的部分来分阶段完成，每个部分都有自己的最后期限。例如，关于上述任务，我们可以用两天时间（11 到 12 日）来进行计划和研究，制订几个执行草案。

倒计时表是一个简单但非常有效的工具，通过安排和管理各部分工作的进度来逐步完成任务。

| 星期一 | 星期二 | 星期三 | 星期四 | 星期五 | 星期六 | 星期日 |
|---|---|---|---|---|---|---|
| 1 | 2 | 3 | 4 | 5 | 6 | 7 |
| 8 | 9 | 10 | 11<br>接受<br>任务<br>8 | 12<br><br><br>7 | 13<br><br><br>6 | 14<br><br><br>5 |
| 15<br><br><br>4 | 16<br><br><br>3 | 17<br><br><br>2 | 18<br><br><br>1 | 19<br>最后<br>期限<br>0 | 20 | 21 |
| 22 | 23 | 24 | 25 | 26 | 27 | 28 |
| 29 | 30 | 31 | | | | |

## 任务清单

这是最简单却能最有效地保证任务完成的方法之一。简单来说，就是列出一天内需要完成的所有事情，并分配好时间。用一个简单的表格（如下表）就能有效地规划及分配好时间。

## 第十章 有效管理时间

| 每日日程表 制作日期： ||||
|---|---|---|---|
| 待办事项 | 完成时间 ||
| 1. | 5 点 ||
| 2. | 6 点 ||
| 3. | 7 点 ||
| 4. | 8 点 ||
| 5. | 9 点 ||
| 6. | 10 点 ||
| 7. | 11 点 ||
| 8. | 12 点 ||
| 9. | 13 点 ||
| 10. | 14 点 ||
| | 15 点 ||
| | 16 点 ||
| | 17 点 ||
| | 18 点 ||
| | 19 点 ||
| | 20 点 ||
| | 21 点 ||
| | 22 点 ||
| | 23 点 ||
| | 24 点 ||

列出任务清单容易，采取行动并完成它才是真正的挑战。每完成一个项目，就将其从清单上画掉。如果我们足够自律，能在计划的时间内完成所有的项目，我们就按计划完成了全天的任务。

画掉已经完成的项目

## 确定优先等级

毫无疑问，我们每天需要完成的任务简直数不清。

在这种情况下，如果不找出一个办法来妥善安排自己的时间，

## 第十章 有效管理时间

我们就会陷入麻烦——今天的任务完不成，推到明天，可明天又有新的任务……这样日复一日，任务会积压得越来越多，我们最后不得不投入数倍精力去完成它们。

因此，每每接到一个任务，我们首先需要了解它的等级：

　　\* 既重要又紧急（高优先级）

　　\* 重要但不紧急（中优先级）

　　\* 不重要但紧急（中优先级）

　　\* 既不重要也不紧急（低优先级）

一旦确定了任务的等级，就更容易制订出计划。我们可以使用前面示范的任务清单，标注出任务的等级。如果一个项目被标注为高优先级，我们就应该在进行下一个项目前尽可能早地完成它。

只要能够做到这些，我们就能更系统、更高效地完成自己的任务。

制订计划

## 考试期间的时间管理

在测验和考试时，我们有时候会被一些难题困住，在上面花费太多时间，导致没有充足的时间去做其他题目。这是一个普遍的现象，许多学生都会遇到类似的情况并深受其害。想要解决这个问题其实并不难，做好时间管理就行。

**注意事项：**

*先做简单的题目；
*跳过困难的题目，等有时间再回头来做；
*不要在某一题或某个部分上花费太多时间；
*检查、确定已经完成所有考题，没有漏题。

管理好时间！

# 后记

祝贺你读完了这本书!

我希望读完整本书后你认为书中的内容是有用的,它们让你对聪明学习的必要性和方法有了新的见解。这本书中介绍的学习方法,读起来容易做起来难。现在就行动起来吧,用学到的方法聪明地学习,真正掌握这本书的精髓。

有这么一种状态常常在人们身上出现,我称之为MFTM综合征,其实就是"三分钟热度综合征"。有这种表现的人,在参加了一次激动人心的研讨会或读了一本励志书之后,会立刻激情澎湃,充满斗志,但这种激情持续两三天之后就会逐渐衰退,他们会变回原来的样子。

所以,重要的是,我们在完成任务的时候,要有坚持不懈的态度,即使激情退却,也要保证任务顺利完成。坚持是获得成功的关键。所以请记住,只有用聪明的方法坚持不懈地努力,我们才能不断取得好成绩。

在结束本书之前,我还有一个故事送给大家。我想用这个故事告诉大家,如何通过多观察、集中精力,找出创造性的聪明办法,去解决遇到的难题。

有一个人和他的儿子在一条僻静的高速公路上驾车行驶,突然他们的车胎被扎破了,于是这个人决定自己换轮胎。可是,在换轮胎的时候,他一不小心将用来固定轮胎的螺栓掉进了路边的沟渠里。固定轮胎本来需要四个螺栓,现在一个都没有了,怎么办呢?

这里前不着村,后不着店,手机也没信号。这个人实在想不出解决的办法,只好回头对自己的儿子说:"很抱歉,我们被困在这里了,只有耐心等着别的车从这儿经过了……"

**螺帽和螺栓**

他的儿子却看着他说:"爸爸,你为什么不从其他三个轮胎上各取一个螺栓,把第四个轮胎固定住?这样,我们慢慢开到最近的加油站,再找几个螺栓就行了。"

听了儿子的话,这个人豁然开朗,笑着一把抱住了儿子。

在埋头努力的时候,我们有必要抽空看看自己拥有哪些资源,然后将它们充分地利用起来。这种方法也适用于我们的学习。

还是那句话,希望你们成功、成功、更成功!

努力掌握这些方法,开始聪明地学习吧!

祝你们成功!

# 参考书目

Burnell, Ivan. 1998. *The Power of Positive Doing*. Goodwill Publishing House: India.

Davidson, Jeff. 2005. *Reinventing Yourself*. Advantage Quest Publications: Malaysia.

Farber, Barry. 2004. *20 Gems of Wisdom for Success*. Advantage Quest Publications: Malaysia.

Field, Lynda. 2003. *Be Yourself*. Vermilion: United Kingdom.

Frank, Steven. 2004. *Study Secrets*. Advantage Quest Publications: Malaysia.

Frank, Steven. 2004. *Test Taking Secrets*. Advantage Quest Publications: Malaysia.

Frank, Steven. 2004. *Term Paper Secrets*. Advantage Quest Publications: Malaysia.

Fry, Ron. 2007. *Last Minute Study Tips*. Advantage Quest Publications: Malaysia.

Joyner, Mark. 2007. *Simpleology*. John Wiley & Sons,Inc: United States of America.

Martin, Curly. 2008. *The Personal Success Handbook*. Crown House Publishing Limited: United Kingdom.

Quilliam, Susan. 2003. *Positive Thinking*. Dorling Kindersley: United Kingdom.

Rao, Srikumar. 2007. *Are You Ready To Succeed ?* Ebury Publishing: United States of America.

# 索 引

（据英文所在页码排序，出现过的单词或短语不再重复列出）

| 页 码 | 英 文 | 文中释义 |
| --- | --- | --- |
| 008 | DEMANDS | 需求 |
| 012 | SIMPLE | 简单 |
|  | EASY | 容易 |
| 016 | WHICH METHOD? | 用哪一种方法？ |
| 017 | KEEP IT SIMPLE! | 让学习变得简单！ |
| 023 | SCRATCH | 搔痒 |
| 025 | OOPS | 哎哟 |
| 029 | I KNOW? | 我了解了？ |
|  | I UNDERSTAND! | 我理解了！ |
| 032 | RUMBLE | （肚子因饥饿）发出咕咕声 |
| 034 | DATA | 数据 |
|  | INFORMATION | 信息 |
|  | KNOWLEDGE | 知识 |
|  | WISDOM | 智慧 |
| 037 | INFORMATION OVERLOAD! | 信息过载！ |
| 038 | SUCCESS | 成功 |
| 041 | MIDNIGHT OIL | 挑灯夜战 |
| 046 | SMART | 聪明 |
| 049 | COUGH | 咳嗽 |
| 050 | WORK SMART | 聪明学习 |
| 062 | BIG PICTURE | 全局 |
| 063 | EXAM | 考试 |
| 064 | EXAM FORMAT? | 考试形式是什么？ |
| 069 | BATTLE | 斗争，较量 |
| 081 | YES! | 太好了！ |
| 082 | TARGET? WHAT TARGET? | 目标？目标是什么？ |
| 083 | FUTURE | 未来 |
| 085 | DREAM | 梦想 |

| 页码 | 英　文 | 文中释义 |
| --- | --- | --- |
| 087 | DETERMINATION | 决心 |
| 089 | GOAL | 目标 |
| 102 | INFORMATION | 信息 |
| 107 | TABLE | 桌子 |
| 110 | TO BE OR NOT TO BE... | 生存还是毁灭…… |
| 115 | INSTANT NOODLE | 方便面 |
| 117 | LIFE | 生活 |
| 123 | DO NOT DISTURB | 请勿打扰 |
| 126 | PRICELESS | 无价的 |
| 130 | USE ME WISELY. | 善用我。 |
| 134 | TO DO LIST | 任务清单 |
| 135 | PLAN | 计划 |
| 138 | NUTS & BOLTS | 螺帽和螺栓 |

# 致　谢

我要感谢以下各位,是你们给我的生活带来重要影响,帮助我克服在创作本书的过程中遇到的困难。排名不分先后:

我至爱的妻子 Pauline(宝琳)。

我甜蜜可人的女儿 RaeAnne(瑞安)和 Raelynn(瑞莲)。

我亲爱的父母。

我所有的老师和导师,尤其是 Ho Chee Lick(何志立)教授、Paulin Straughan(波林·斯特劳恩)教授、Kay Moulmein(凯·莫梅恩)教授和 Linda Thompson(琳达·汤普森)教授。

我在新加坡义安小学、德明政府中学、维多利亚初级学院、新加坡国立大学与南洋理工大学上学时期的朋友们和伙伴们。

维多利亚初级学院的朋友们及同事们。

维多利亚初级学院前任及现任校长:Lee Phui Mun

（李佩文）夫人、Chan Khah Gek（陈嘉庚）夫人和Chan Poh Meng（陈德孟）先生，以及副校长Bernard Chew（伯纳德·丘）先生、Audrey Chen（陈慧文）女士与Chua Nga Woon（蔡美儿）夫人。

还有一群特殊的人：Adam Khoo（邱缘安）、Stuart Tan（斯图亚特·谭）、Conrad Alvin Lim（康拉德·艾文·林）、Gary Lee（李智辉）、Merry（梅丽）、Alva（艾娃）、Rita Emmett（丽塔·艾米特）、Khoo Siew Chiow（邱瑞昭）、Elim Chew（周士锦）、Cayden Chang（凯顿·张）、Sean Seah（谢伟安）与Jhonson Lee（李思捷），他们仍然影响和激励着我！

还要感谢我过去和现在的学生们，希望你们为了获得更大的成功继续奋斗。把握现在，未来可期！

最后的但并非不重要的，还有那些以不同的方式影响了我的生活的人。

你们存在于我心灵的某个地方，我将永志不忘。